# 민주주의 위기 시대,

# 교육의
# 응답

에듀니티

# 민주주의 위기 시대,
# 교육의 응답

### 자존감, 공감, 공화주의와 민주시민교육

ⓒ 이혁규, Anders Schultz, 2025

**초판 1쇄** 발행 2025년 9월 1일
**지은이** 이혁규, 안데르스 슐츠
**기획** 이준학
**디자인** 이준서, 정진주
**펴낸이** 김병주

**펴낸 곳** (주)에듀니티
**도서문의** 1644-5798
**일원화 구입처** 031-407-6368 (주)태양서적
**등록** 2009년 1월 6일 제300-2011-51호
**주소** 서울특별시 중구 남대문로 117, 동아빌딩 11층
**출판 이메일** book@eduniety.net
**홈페이지** www.eduniety.net
**페이스북** www.facebook.com/eduniety
**인스타그램** www.instagram.com/eduniety/
**리틀리** https://litt.ly/eduniety

**ISBN** 979-11-6425-188-9

값은 뒤표지에 있습니다.

- 이 책은 저작권법에 따라 한국 내에서 보호를 받는 저작물이므로 무단 전재 및 복제를 금합니다.
- 잘못된 책은 구입한 곳에서 바꿔드립니다.

자존감,
공감,
공화주의와
민주시민교육

{ 추천사 }

**손봉호** * 서울대학교 명예교수

12.3 비상계엄령은 많은 후유증을 남겼지만, 워낙 특이한 사건이라 국내외 많은 사람들을 적잖게 의아하게 만들었다. 그 가운데서 대표적인 것이 한국의 민주주의가 아주 쉽게 무너질 뻔했다는 것이다. 최근 세계사에서 보기 드물 정도로 많은 우여곡절을 거치고, 엄청난 희생을 치러 이룩한 것으로 일본은 말할 것도 없고, 심지어 미국보다도 앞선 "잘 갖추어진 민주주의"full democracy였는데, 하루아침에 물거품이 되어 버릴 수 있었던 것이다. 다행하게도 "국난 극복이 하나의 취미"가 되어 버린 한국 국민이라 잘 해결해 내긴 했지만, 이제는 그것으로 안심할 수도 없게 되었다. 그런 돌발사고가 또 일어날 수 있기 때문이다. 대부분의 난국들이 그렇지만, 이번 사건도 다시는 그런 일이 일어나지 않도록 하라는 심각한 경고인 동시에, 나아가서 전화위복의 계기로 삼으라는 역사의 명령이라 할 수 있다.

이 책은 바로 그런 명령에 대한 제대로 갖추어진 첫 번째 반응이 아닌가 한다. 물론 그 내용은 전체가 지난 반년 동안에 조사, 창안, 정리될 수준의 것은 아니다. 저자는 사회교육학에서 한국의 대표적인 학자로 이미 많은 연구 업적을 남겼고, 실제로 교육현장에 큰 영향을 끼칠 정도로 이미 상당 수준의 기본 지식과 자료를 갖추고 있었다. 그러나 12.3 비상계엄이 선포되지 않았더라면 이 책은 몇 년 후에 출판되거나, 아예 빛을 보지 못했을 수도 있다.

    이 교수는 이 책에서 12.3 비상계엄을 가능하게 한 우리 민주주의의 약점이 무엇이며, 좀 더 바람직한 민주주의를 위해서 우리의 민주시민교육이 무엇에 더 집중해야 할 것인가를 매우 구체적으로, 설득력 있게 지적해 주고 있다. 그는 사회교육학 외에 심리학, 사회학, 정치학에도 상당히 높은 차원의 전문 지식과 자신의 이론을 정당화하기 위한 구체적인 자료를 상세하게 제시하고 있다. 우리 청소년들을 우선 성취에 근거한 자신감이 아니라 존재 자체의 가치에 기반한 자존감을 갖도록 양육하고 교육해야 하며, 동정을 넘은 공감 능력을 갖추도록 가르쳐야 한다고 주장하고 있다. 그렇게 함으로써 이룩해야 할 민주주의는 법과 제도에 근거한 것이 아니라 하나의 문화로 성숙한 민주주의임을 지적하고, 덴마크를 그 모범으로 제시하고 있다.

비록 12.3 계엄령 선포에서 받은 충격에 대한 반응으로 썼지만 이 책은 놀랄 정도로 논리적이고 이론적 설득력을 갖고 있다. 계엄령이 선포된 다음 날 새벽 2시에 국회의사당까지 달려갔고, 청주에서 탄핵 찬성 집회 주도자의 한 사람으로 나섰을 만큼 한국 민주주의에 대한 그의 열정은 뜨거웠지만, 그 사건에 대한 반응으로 쓰인 이 책에서는 사회과학자가 가져야 할 바람직한 "내부에 있으면서도 거리를 두는" detached within 자세를 끝까지 잘 견지하고 있다. 제자지만 존경스럽다.

민주주의에 대한 뜨거운 열정, 그를 위한 민주시민교육에 대한 헌신, 그 교육에 필요한 폭넓고 깊은 이론이 묻어난 글이지만 철저히 냉정하고 논리적이다. 본인의 입장을 솔직하게 제시하면서도 한쪽으로 치우치지 않아서 친근감을 가지고 읽을 수 있으며, 매우 의도적으로 쉽게 집필되었기 때문에 전문 지식이 없는 독자들도 쉽게 이해할 수 있다. 부모들과 교육자들은 물론, 일반 시민들에게도 큰 울림과 많은 도움을 줄 수 있다. 추천사를 쓰기 위해서 이 책을 읽으면서, 나 자신이 많은 것을 배우고 작지 않은 자극을 받았다.

{ 프롤로그.

**책을 집필하게 된 계기에 대하여** }

    12.3 비상계엄은 대통령과 몇몇 소수 지도자에 의해 한 나라의 민주주의가 50년 이상 후퇴할 수도 있음을 경고한 사건이었다. 이후 이어진 일련의 일들 또한 민주적 상식을 지닌 사람들이 도저히 이해하기 어려운 사태의 연속이었다. 서부지법 폭동에서 대통령 파면에 이르기까지 몇 달 동안, 우리 사회에 내재한 혐오와 적대, 비민주성이 적나라하게 드러났다. 이로 인해 많은 사람이 우리 민주주의와 민주시민교육의 미래에 대해 고민하고 성찰하게 되었다.

    나는 12.3 비상계엄이 선포된 다음 날 새벽 2시경 국회 앞에 있었다. 시민들의 용감한 행동으로 비상계엄을 막아낸 역사적 현장을 내 눈으로 직접 보고 싶었기 때문이다. 그 후 한강진역, 광화문, 국회 앞 집회에도 참여했다. 내가 살고 있는 충북 지역에서는 충북비상시국회의 공동대표를 맡아 많은 시민들과 함께 광장을 지켰다.

    그러다 문득, 집회에 참여하는 것만으로 내 역할을 다하고 있는가 자문하게 되었다. 그래서 내가 느낀 고민, 분노, 희망을 글로 적기 시작했다. 글쓰기는 매일 같이 마주하는 비정상적 현실을 견디게 해 주는 힘이 되었다.

처음에는 쓴 글을 카카오톡의 몇몇 공유방에만 올렸다. 하지만 점차 더 많은 사람과 나누고 싶어졌다. 그때 떠오른 매체가 오마이뉴스였다. 연말과 연초 동안에 오마이뉴스에 6편의 글을 실었다. 그중에는 메인 뉴스로 채택된 글도 있었고, 조회수가 꽤 높았던 글도 있었다. 이에 고무되어서 매일 변화하는 현상을 따라가며 시사적 글쓰기를 계속 이어가고자 했다.

하지만 곧 이러한 작업은 정치학자나 사회학자들이 나보다 더 잘할 수 있는 영역임을 깨달았다. 민주시민교육을 전공한 교육자로서, 어떤 글을 써야 할지 그 방향과 성격을 다시 고민하게 되었다. 그러던 중, 오마이뉴스에 올린 글 중에서 조회수가 가장 높았던 기사가 다시 떠올랐다. 윤석열 대통령 개인의 문제를 지적함과 동시에, 그러한 성향의 사람을 대통령으로 만든 우리 사회의 문화적 풍토를 교육적 관점에서 성찰한 글이다. 제목은 「윤석열이라는 사람이 대통령, 우리 교육의 실패」이다.[1]

흔히들 12.3 비상계엄과 같은 사태의 재발을 막기 위해 민주시민교육을 강화해야 한다고 말한다. 그 주장에는 전적으로 동의한다. 그런데 명시적인 민주시민교육은 언제부터 가능할까? 참고로 초등학교 사회 교과는 4학년에서 주민자치를 다루고, 6학년에 가서야 헌법과 국가 기구, 기본권 등을 소개한다. 사실 '국민에게 주권이 있다'라는 헌법 제1조 1항조차 아이들이 정확히 이해하기 쉽지 않다. 그렇다면 민주국가의 아이들이 이 땅에 태어나 가장 먼저 받아야 할 교육은 무엇일까?

이러한 문제의식 속에서, 민주시민교육을 포괄하는 더 넓은 생애 교육의 단계를 고민하게 되었다. 그리고 그것을 세 단계로 나누어 정리해 보았다. 즉, 인간 존재가 최초로 받아야 할 교육으로서 '자존감 교육', 사회인으로서 타자와 공존하는 데 필요한 '공감 교육', 마지막으로 국가나 지구촌과 같은 더 큰 공동체의 일원으로 살아가는 데 필요한 '공화주의와 민주시민교육'이다.

내가 보기에는 윤석열 대통령이 이 세 단계의 교육에서 모두 실패한 사례처럼 느껴졌다. 그런데 그것이 한 사람의 문제일까? 아니면 우리 교육 전체의 문제일까? 후자라는 생각이 들었다. 그리고 곰곰이 생각해 보니, 이 문제의식을 확장하여 단행본으로 엮으면 관련된 우리 사회와 교육의 여러 문제를 더 깊이 있게 다룰 수 있을 것 같았다. 그렇게 해서 이 책이 탄생하게 되었다. 그러므로 이 책은 자존감, 공감, 공화주의와 민주시민교육의 세 단계를 기본으로 생애 교육의 관점에서 우리 교육을 성찰하고 개혁의 방향을 모색한다.

당연히 책의 목차도 1부는 자존감 교육, 2부는 공감 교육, 3부는 민주시민교육과 공화주의교육의 순이다. 그리고 책의 마지막 절에서는 덴마크의 민주시민교육을 사례로 다룬다.

책의 마지막을 덴마크의 사례로 마무리하는 특별한 이유가 있다. 나는 앞서 언급한 「윤석열이라는 사람이 대통령, 우리 교육의 실패」라는 글을 쓰고 나서 덴마크 코펜하겐의 뤼센스틴 고등학교 세계 시민교육 전문가인 안데르스 Anders 에게 보냈다. 인간에게 가장 먼저 필요한 교육이 자존감 교육이라는 생각 자체가 덴마크 교육에서 받은 영감에서 비롯되었기 때문이다. 그래서 내 글에 대한 덴마크의 지인 안데르스의 의견을 묻고 싶었다. 동시에 세계에서 가장 행복하고 민주적인 사회를 덴마크인들이 어떻게 이루어냈는지도 궁금했다.

안데르스는 글을 읽고 나서 매우 흥미롭다고 말했다. 그리고 내가 제시한 '자존감-공감-민주시민교육'이라는 세 단계에 준해서 덴마크가 민주시민을 어떻게 길러내는지를 한국에 소개하고 싶다고 했다. 그 제안에 나는 기꺼이 동의했다. 민주주의의 위기 시대에 우리 민주시민교육을 덴마크의 경험과 비교하는 것은 아주 유익한 일이 될 것으로 생각했기 때문이다.

그래서 인연이 닿은 25개 단체와 함께 『덴마크는 어떻게 민주시민을 기르는가?』라는 행사를 기획하였다. 2025년 2월 4일 저녁 7시부터 2시간 동안 진행된 온라인 강연에는 400~500명의 교육자가 참여해 뜨거운 관심을 보여주었다. 이 행사에서는 교육자인 안데르스가 덴마크의 민주시민교육을 전반적으로 소개했을 뿐 아니라, 고등학교를 막 졸업한 안드레아Andrea가 학생의 시선에서 자신이 직접 경험한 교육 내용을 생생하게 전했다. 이와 같은 구성은 다른 국제 행사들과는 뚜렷이 구별되는 독특한 강점이었다. 실제로 이날 참석한 많은 이들이 두 사람의 강연을 통해 덴마크 민주시민교육의 실천 방식과 철학에서 신선한 자극을 받았다.

문화로서의 민주주의를 강조하는 덴마크 사례는 우리 교육과 덴마크 교육을 객관적으로 성찰하고 민주시민교육의 향후 방향을 모색하는 데 큰 도움이 되리라 믿는다. 바쁜 일정 가운데도 기꺼이 집필에 응해준 안데르스에게 깊은 감사를 전한다.

  2025년 6월 3일, 마침내 12.3 비상계엄으로 인한 혼란의 한 장이 마감되고 새로운 대통령이 탄생했다. 우리 모두가 새로운 시대를 열망하며 항해의 닻을 올렸다. 그러나 여전히 낙관과 비관이 교차하고, 사람들의 마음은 갈라져 있다.
  그럼에도 불구하고 "국난 극복이 취미인 민족"이라는 시중의 말처럼, 우리는 다시금 슬기롭게 앞으로 나아갈 준비가 되어 있다고 믿는다. 그리고 새로운 교육을 통해, 모두가 더 높은 자존감과 공감 능력을 지닌 지혜로운 민주시민으로 성장해 가기를 바란다. 이 책이 그러한 여정을 함께 비추는 작은 응원봉, 곧 연대와 희망의 상징이 되기를 진심으로 기대한다.

2025년 6월 30일 수곡동에서<br>이 혁 규

{ 차 례 }

**추천사** _5

**프롤로그. 책을 집필하게 된 계기에 대하여** _8

# 1부
# 자존감과 자존감 교육

**1장. 사회마다 다른 양육 환경 _22**

    1. 인간 유아의 생물학적 취약성
    2. 부모의 문화적 양육 이론(Parental Ethnotheories)
    3. 자존감을 기르는 교육 VS 자신감을 기르는 교육

**2장. 한국의 양육 환경 돌아보기 _32**

    1. 성취와 경쟁 중심의 양육 환경
    2. 개별 가정 내에서의 차별 문화
    3. 양육 환경의 역사적·사회적 맥락

**3장. 자존감과 자신감에 따른 인간 유형 _45**

    1. 자존감 중시 문화와 자신감 중시 문화
    2. 자존감과 자신감에 따른 인간 유형
    3. 자존감과 자신감 진단 체크리스트
    4. 자존감은 낮고 자신감은 높은 지도자 유형

**4장. 자존감과 건강한 리더를 양성하는 교육과 사회 _60**

    1. 자존감을 높이는 교육     2. 건강한 리더를 양성하는 사회

**5장. 자존감 교육에서 유의할 점 _79**

    1. 나르시시즘과 책임 회피로 흐를 가능성
    2. 자존감 교육과 청소년 건강 문제
    3. 자존감의 확장으로서 공동체적 자아
    4. 자존감 교육과 평등·사회 정의의 연결

## 2부
# 공감과 공감 교육

**1장. 공감의 생물학적 기반** _90
    1. 공감의 어원 및 관련 개념들
    2. 동물의 공감 능력
    3. 인간의 생득적 공감 능력

**2장. 인간 공감 능력의 사회적 차원** _102
    1. 던바의 수    2. 공감의 역설    3. 공감의 진화

**3장. 한국 사회와 공감의 역설** _114
    1. 가족주의    2. 연고주의    3. 지역주의    4. 눈치문화    5. 능력주의

**4장. 공감 교육의 구체적 방법** _133
    1. 공감 교육의 발달적 차원
    2. 가정·학교·사회에서의 공감 교육

**5장. 공감 교육에서 유의할 점** _146
    1. 과잉 동조
    2. 정서적 편향
    3. 공감의 도덕화
    4. 구조적 문제 은폐

# 3부
# 민주시민교육과 공화주의교육

## 1장. 대한민국은 민주공화국 _158
　　1. 상상의 공동체, 대한민국　　2. 국가 형태, 민주공화국
　　3. 대한민국 헌법 전문 살펴보기　　4. 위대한 여정, 새로운 도약?!

## 2장. 민주화와 민주주의의 공고화 _173
　　1. 민주주의 개념의 다의성　　2. 민주주의로의 이행　　3. 민주주의의 공고화

## 3장. 12.3 비상계엄 이후 한국 민주주의의 위기 _187
　　1. 비상계엄 원인 분석의 여러 차원
　　2. 보수와 진보의 대결인가, 적대의 제도화인가
　　3. 정당 민주주의의 후퇴
　　4. 유튜브 정치와 정치 양극화

## 4장. 자유민주주의와 공화민주주의 _202
　　1. 자유민주주의　　2. 공화민주주의　　3. 자유민주주의와 공화민주주의의 연계 가능성

## 5장. 민주시민교육과 공화주의교육 _216
　　1. 민주시민교육　　2. 공화주의교육

## 6장. 문화로서의 민주주의: 덴마크적 접근 _231
　　1. 역사적 뿌리: 민주주의를 문화로 이해하는 덴마크의 방식
　　2. 덴마크의 교육과 양육에 깃든 민주주의 문화
　　3. 덴마크의 민주시민교육 개선 노력과 한국 사회에 주는 함의

민주주의와 연관된 나의 한국현대사 _250

에필로그. 가장 민주적이고 행복한 나라를 꿈꾸며 _264

미주 _274

" 나의 관심은 세상을 해석하고 설명하는 데에만 머물지 않고, 그것을 변화시키는 데에도 있다. 민주주의 사회에서 여론이 결국 사회를 움직이는 힘이라면, 책이라는 도구를 통해 많은 사람들이 더 나은 사회와 교육에 대한 생각과 의지를 공유할 수 있다면 그것이야말로 사회를 바꾸는 힘이 될 수 있다고 나는 믿는다. "

민주주의 위기 시대,

교육의
응답

자존감,
공감,
공화주의와
민주시민교육

1부

# 자존감과
# 자존감 교육

인간 존재에 필요한 최초의 교육

# 1장
# 사회마다 다른 양육 환경

가장 오래된 나의 어린 시절 사진은 돌 사진이다. 그 사진 속 아이를 보면 때때로 신기한 마음이 든다. 어딘가 귀여워 보이는(?) 그 아이가 이제 환갑을 넘겼다니, 세월이란 참 빠르다. 내 세 자녀의 출생과 돌사진을 바라볼 때도 마찬가지다. 생명을 막 얻은 존재에게서 느껴지는 힘, 어른에게서는 좀처럼 느끼기 힘든 그 생명력은 늘 경이롭다. 그래서 더욱 사랑스럽고 귀엽다. 인류 역사 내내 부모들이 힘겨운 양육을 기꺼이 감당해 온 이유도 여기에 있다. 인간은 다른 어떤 동물보다 긴 아동기를 보낸다. 그리고 그 기간에 받는 양육 방식도 사회마다 다르다.

## 인간 유아의 생물학적 취약성

다른 포유류나 유인원에 비해 인간 부모가 더 힘든 이유는 바로 인간 유아의 생물학적 취약성 때문이다. 포유동물 대부분은 태어나자마자 걷거나 달릴 수 있는 기본적인 운동 능력을 갖추고 세상에 태어난다. 하지만 인간 유아는 스스로 할 수 있는 행동이 거의 없다. 모든 신체 활동에 있어서 보호자나 주변 사람의 지속적인 도움이 필요하다.

또 하나의 중요한 특징은 인간 유아의 긴 양육 기간이다. 다른 영장류의 새끼들은 비교적 빠르게 독립하지만, 인간은 생존과 발달을 위해 오랜 시간 동안 보호자와 깊은 관계를 유지해야 한다. 이러한 긴 의존 기간은 인간 사회에서 가족과 공동체가 왜 그렇게 중요한지를 설명해 준다.

그렇다면 왜 인간 유아는 이렇게 미성숙한 상태로 태어나는 것일까? 이 질문은 인류의 신체적 특징과 밀접하게 연결되어 있다. 인간은 몸집에 비해 큰 뇌를 가진 종이다. 하지만 이 큰 뇌를 담고 있는 두개골은 출산 시 산도(産道)를 통과하기에 매우 부담스러운 크기다. 더구나 인간은 직립 보행을 하면서 골반 구조가 좁아졌고, 이 역시 출산을 어렵게 만드는 요인으로 작용했다. 이 큰 뇌와 좁은 골반이라는 두 가지 제약 사이에서 인간은 타협해야 했다. 즉, 충분히 발달하지 않은 상태에서 태어나는 전략을 택한 것이다.

출생 후에도 인간의 뇌는 계속 자라며, 실제로 성장 과정에서 뇌의 약

75%가 추가로 발달한다. 이 같은 인간의 출산 전략은 '생물학적 타협'이라 불린다.[2] 결국, 유아의 취약성은 보호자와 공동체의 돌봄을 통해 보완되며, 인간의 발달은 유전적 요인만이 아니라 가족과 공동체라는 사회적 환경에 깊이 영향을 받는다. 그래서 오래전부터 인간은 '사회적 동물' 또는 '문화적 동물'로 불려 왔다. 인간의 본질은 단순한 생물학적 특징이 아니라, 사회와 문화 속에서 함께 살아가는 관계적 존재로 형성된다고 할 수 있다.

## 부모의 문화적 양육 이론
### Parental Ethnotheories

인간 유아가 속하는 최초의 양육 환경은 가족이다. 부모 혹은 보호자로 대표되는 가족 공동체는 유아를 가장 일차적으로 돌보는 중요한 사회적 환경이다. 이 과정에서 부모는 단순한 생물학적 보호자를 넘어 자녀가 속한 문화적 맥락을 반영하는 존재로서 자녀의 발달에 결정적인 영향을 미친다.

부모의 자녀 양육 방식은 가정마다, 시대마다 다르다. 예를 들어, 직업군인이셨던 나의 부친께서는 당시의 많은 아버지들처럼 매우 엄격한 훈육 방식을 취하셨다. 게다가 나는 위로 형이 둘, 아래로 여동생이 둘 있는 집에서 자랐기에, 오늘날과는 매우 다른 가족 문화 속에서 성장했다.

이와 같이 자녀가 처한 가족 환경은 가정마다, 시대마다 극적으로 달라질 수 있지만, 같은 문화권 내에서는 놀라울 만큼 유사한 양육 방식이 반복적으로 나타나는 경향이 있다. 이는 한 사회 안에서 공유되는 가치와 신념 체계가 부모의 양육 관행을 형성하기 때문이다. 마치 우리가 공기의 존재를 의식하지 않듯, 이러한 양육 방식도 너무 익숙해서 별다른 인식 없이 따르게 된다.

이처럼 각 문화권 내에서 자연스럽게 받아들여지는 양육 방식에 대한 공유된 신념과 가치 체계를 '부모의 문화적 양육 이론Parental Ethnotheories'이라 한다.[3] 이 개념은 부모의 양육 목표, 기대, 방식이 그들이 속한 사회적·문화적 맥락에 의해 어떻게 형성되고 작동하는지를 설명한다. 나아가 부모와 자녀 간의 상호작용을 분석하고, 다양한 문화권에서 나타나는 고유한 양육 관행을 비교하는 데 유용한 이론적 틀을 제공한다.

문화적 양육 이론에 따른 연구의 결과를 살펴보면, 각 문화권에서 부모들이 중시하는 양육 목표와 방식은 차이가 난다.[4] 미국 부모들은 자녀가 독립적이고 자신감 있는 사람으로 성장하는 것을 중요한 양육 목표로 삼는다. "Good job!"이라는 표현처럼, 부모는 자녀의 작은 성취에도 적극적으로 칭찬하며, 도전과 성취를 통해 자신감을 키우는 데 집중한다. 실패를 두려워하지 않고 도전하도록 격려하는 것이 특징이다.

일본 부모들은 자녀의 사회적 조화와 겸손을 중시한다. '남에게 폐를 끼치지 않는다'라는 가치가 대표적이며, 아이가 타인을 배려하고 공동체에 조화롭게 기여하도록 가르친다. 규율과 예의를 중시하며, 집단 내의 조화를 매우 중요하게 여긴다.

독일 부모들은 자녀에게 질서와 책임감을 가르치는 데 중점을 둔다. 명확한 규칙과 구조 속에서 아이가 안정감을 느끼고, 스스로 규칙을 이해하며 지키는 태도를 기르도록 한다. 질서 있는 일상을 유지하면서도 자유로운 놀이를 존중한다.

덴마크 부모들은 자녀의 내적 자존감을 기르는 데 가장 큰 가치를 둔다. 아이가 스스로를 긍정하고 행복을 느끼는 능력을 키우는 것이 핵심 목표이다. 부모는 아이의 감정을 존중하며, 자신의 의견을 말하고 타인의 감정을 이해하는 능력을 키울 수 있도록 돕는다. 이러한 접근은 정서적 안정과 행복을 중시하는 덴마크 문화의 특성을 반영한다.

이들 나라의 부모들이 중시하는 양육 가치는 자율성(미국), 사회적 조화(일본), 질서와 책임(독일), 자존감과 정서 안정(덴마크)으로 요약할 수 있다. 이들 나라와 비교하면 한국은 어떨까? 한국은 학업과 성공을 강조하는 성취 지향적 양육 가치를 지닌 나라다. 이에 대한 자세한 설명은 2절에서 다룰 것이다.

이처럼 부모의 문화적 양육 이론은 각 문화권이 자녀의 발달을 어떻게 바라보는지를 이해하는 데 도움을 준다. 하나의 문화권에서 익숙하고 자연스럽게 여겨지는 양육 방식도, 다른 문화권과 비교해 보면 새로운 시각에서 재조명될 수 있다. 이러한 비교는 문화적 다양성을 존중하면서, 다양한 아동 발달 경로를 이해하고 지원하는 데 중요한 시사점을 제공한다.

결국 '좋은 양육'이란 단일한 기준으로 정의될 수 없다. 그것은 각 사회가 이상적인 인간상과 삶의 방식을 어떻게 설정하느냐에 따라 달라진다. 부모의 문화적 양육 이론은 단지 부모와 자녀의 관계를 설명하는 것을 넘어서, 문화와 인간 발달 간의 관계를 탐색하고 교육적·사회적 함의를 제공하는 중요한 개념이다. 다만, 서로 다른 양육 가치를 지닌 나라 중 어느 나라가 더 행복하고 정치·사회·경제적으로도 안정되어 있는지를 살펴보는 것은, 우리의 양육 방식을 성찰하고 더 나은 대안을 모색하는 데 매우 유용한 창을 제공한다.

## 자존감을 기르는 교육 vs 자신감을 기르는 교육

내가 아동의 초기 양육 방식에 관심을 두게 된 계기는 제시카 조엘 알렉산더 Jessica Joelle Alexander의 책을 접하면서였다. 그녀는 덴마크인 남편과 결혼해 두 아이를 키우면서, 미국과 덴마크의 양육 방식 사이에 큰 차이를 발견했다. 이에 대한 경험과 통찰을 『타임』, 『뉴욕 타임스』, 『허핑턴포스트』, NPR 등 여러 매체에 기고하였다. 현재는 작가이자 저널리스트, 그리고 덴마크 육아 전문가로 활동하고 있다. 한국어로 번역된 책으로는 『행복을 배우는 덴마크 교육 이야기』와 이벤 디싱 산달 Iben Dissing Sandahl과 함께 쓴 『우리, 아이 어떻게 사랑해야 할까』가 있다.

이 책은 미국과 덴마크의 양육 방식을 비교하며 설명하는데, 그 내용은 매우 흥미롭다. 이 중 특히 인상 깊었던 부분은 '자존감을 기르는 교육'과 '자신감을 기르는 교육'이라는 대조를 통해 두 나라의 교육 철학적

차이를 설명한 대목이었다.[5]

　이 개념은 덴마크의 대표적인 교육사상가 에스퍼 율 Jesper Juul 의 자존감과 자신감 개념의 차이에 기반하고 있다.

　자존감 self-esteem 은 '나는 존재 자체로 괜찮은 사람이다'라는 내면의 자기 가치에 기반한 개념이다. 이는 자신이 누구인지에 대한 깊은 이해와 경험에서 비롯된다. 반면 자신감 self-confidence 은 자신이 무엇을 할 수 있는지, 어떤 재능이 있는지를 스스로 판단하는 개념으로, 학위, 상장, 자격증 등 외부적 성취와 밀접하게 연결되어 있다. 요컨대, 덴마크 교육은 아이들이 자신의 존재 자체를 긍정하도록 돕는 데 초점을 맞추지만, 미국 교육은 성취와 능력을 강조하여 자신감을 높이는 데 주력한다는 것이다.

　나는 이 두 개념이 양육 방식뿐 아니라 두 사회의 성격까지도 다르게 형성하는 중요한 차이라고 생각했다. 그것은 단지 부모의 자녀 양육 방식에만 머무르지 않는다. 학교 교육, 나아가 사회 제도와 문화 풍토에까지 깊이 스며 있으며, 결과적으로 매우 다른 사회를 만들어냈다. 물론 문화 상대주의적 관점에서 본다면 이 두 가지 접근법 중 어느 것이 더 낫다고 단정하기는 어렵다. 미국은 세계의 패권 국가로서 여전히 각 분야에서 막강한 힘과 경쟁력을 자랑하고 있다. 그러나 인구 500만 명 규모의 덴마크는 자존감 교육을 바탕으로, 세계적으로 주목받는 신뢰와 복지의 사회를 이루어냈다.

　덴마크 사회의 우수성을 보여주는 몇 가지 지표를 살펴보면, 덴마크는 세계행복보고서 World Happiness Report 에서 매년 상위권을 차지하고 있으며, 높은 사회적 신뢰와 낮은 빈부 격차를 특징으로 한다. 또한 복지제도와 교육의 질이 뛰어나며, 삶의 만족도는 가장 높은 수준을 기록하고 있다. 이러한 지표들은 덴마크의 자존감 교육이 단순히 개인의 차원을 넘어 사회 전반에 긍정적인 영향을 미친다는 점을 잘 보여준다.

그렇다면 한국의 양육 방식은 이 두 나라 중 어느 쪽에 더 가까울까?

## 라운드 테이블

1. 당신의 어린 시절 양육 환경은 어떤 모습이었는가? 그 경험이 현재의 가치관과 삶의 태도에 어떤 영향을 주었는지를 구체적으로 돌아보자.

2. 덴마크의 '자존감을 기르는 교육'과 미국의 '자신감을 기르는 교육' 중, 당신은 어떤 방식이 더 이상적이라고 생각하는가? 그 이유를 당신의 성장 경험과 연결해 설명해 보자.

3. 부모의 문화적 양육 이론(Parental Ethnotheories)은 무의식적으로 계승된다고 한다. 당신이 자연스럽게 따르고 있던 양육 가치나 규칙에는 어떤 것이 있는가?

4. '나는 존재 자체로 괜찮다'(자존감)와 '나는 잘할 수 있다'(자신감) 중, 당신은 어느 쪽에 더 의지하며 살아왔는가? 그 선택이 인간관계나 삶의 태도에 어떤 영향을 주었는지 성찰해 보자.

5. 앞으로 자녀나 후배, 혹은 주변 사람을 지도할 때, 어떤 양육 또는 교육적 가치를 가장 중요하게 전하고 싶은가? 그 이유와 구체적인 실천 방안을 나누어 보자.

생각과 메모

2장

# 한국의 양육 환경 돌아보기

　한국 사회의 현재 모습은 다른 사회와 구분되는 한국인의 독특한 양육 방식과 깊은 관련을 지닌다. 이와 관련하여 우리나라의 양육 환경을 '성취와 경쟁 중심의 교육 문화', '가정 내 차별적 양육 방식', 그리고 '역사적·사회적 맥락에서 형성된 구조적 문제'로 나누어 살펴보고자 한다.

　우리나라는 모든 분야에서 급격한 변화를 경험해 왔고, 양육 환경도 예외는 아니다. 따라서 세대별 양육 환경이 같을 수 없다. 그 차이는 때로 마치 서로 다른 나라처럼 보일 만큼 크다. 그런데도 한국 사회의 압축적 성장을 가능하게 했던 일종의 원형적 모습은 여전히 유지되고 있다.

　종합적으로 볼 때, 우리나라의 양육 환경은 개개인의 자존감을 존중하고 길러주기보다 다른 사람과 비교되는 외적 성과를 중시하는 문화이다. 많은 문제 제기에도 불구하고, 사회적 경쟁과 불평등 속에서 이러한 모습은 점점 더 심화하는 경향조차 보인다.

## 성취와 경쟁 중심의 양육 환경

한국의 양육 문화는 성취와 경쟁을 중심으로 한 교육 방식을 특징으로 한다. 이는 부모와 사회가 아동에게 성공을 목표로 삼도록 유도하는 구조적 압박 속에서 형성되었다. 이러한 양육 문화는 흔히 '한국인의 교육열'이라는 말로 설명되곤 한다. 구체적으로 다음과 같은 언어들이 이러한 문화를 강화한다.

첫째, 아동들은 가정과 학교에서 성취와 경쟁을 강조하는 언어를 듣고 자란다. "공부 열심히 해라", "공부 잘해서 좋은 대학 가야지", "좋은 대학 가야 좋은 직장 간다"와 같은 말들이 이에 해당한다. 이런 말은 아동들에게 높은 목표를 설정해 주려는 의도가 담겨 있지만, 결과 중심의 사고를 낳는다. 즉, 노력과 과정보다는 등수와 성적, 좋은 대학, 대기업 취직 등 외적 성과를 중시하게 만든다. 이러한 환경에서는 내적 성장과 성취감을 느끼기 어렵고, 결과에 따른 성공과 실패의 이분법적 사고를 학습하게 될 가능성이 높다.

둘째, 아동들은 자신을 다른 사람과 비교하는 언어에 자주 노출된다. 예를 들어 "네 동생보다 네가 더 잘해야지", "네 친구들은 다 A+ 받았는데, 너는 왜 이것밖에 못하니?", "옆집 누구는 벌써 영어학원 다닌대"와 같은 말들이 이에 해당한다. 인구 밀도가 높고 좁은 공간에 모여 사는 한국 사회에서 타인과의 비교는 피할 수 없는 숙명처럼 여겨진다. 그러나 아이들이 이런 비교 문화 속에서 자신의 고유한 가치를 발견하고 키워나가기는 어렵다. 과도한 상대 비교는 자존감에 부정적인 영향을 미치고, 지속적인 압박감과 불안감을 초래한다.

셋째, 아동들은 실패를 허용하지 않는 언어에도 자주 노출된다. 내가 어릴 때는 "오르지 못할 나무는 쳐다보지도 마라", "될성부른 나무는 떡잎부터 알아본다"라는 말을 종종 들었다. 다행히 요즘은 그런 말을 거의 듣기 어렵다. 그러나 "한 번 낙오하면 다시 올라가기 힘들어"와 같이 실패와 낙오를 두려워하는 언어와 문화는 다른 형태로 여전히 존재한다. 실패를 학습의 일부로 받아들이기보다는 좌절이나 낙오로 간주하는 경향이 강한 사회이다. 이러한 문화는 아이들이 도전을 주저하게 만들며, 실패를 통해 성장할 기회를 박탈한다.

넷째, 특히 주목할 점은 이러한 언어들이 집단주의 문화 속에서 개인의 선택이 아닌 가족의 명예와 긴밀히 연결되어 해석된다는 점이다. 즉, 아이들의 성공과 실패가 독립적인 개인의 자율적인 선택과 그에 따른 결과가 아니라, 부모나 집안의 명예와 연결되어 해석된다.

가문을 중시하던 과거 대가족 제도 시대에는 "네가 판검사 되면 우리 가문의 영광이다", "버릇없이 행동해서 ○씨 집안 망신시키지 마라"와 같은 말이 존재했다. 이런 문화는 여전히 전통을 중시하는 지역에서는 남아 있다.

핵가족화가 어느 정도 진행된 이후에는 "너 하나만 보고 있는데 실망하게 하지 마라", "네가 잘해야 아빠가 기를 펴고 살지"와 같이 자녀의 성과를 부모의 체면과 연결하는 방식으로 변화했다. 이러한 언어는 부모의 헌신을 앞세워 자녀가 부모의 기대를 충족해야 한다는 부담감을 심어준다. 자녀는 자신의 인생을 독립적인 선택의 결과로 보지 못하고, 항상 집안과 부모의 기대에 맞춰 살아야 한다는 짐을 지게 된다.

결국, 이러한 비교를 중시하는 집단주의적 양육 환경 속에서 아이들이 자신의 내면적 가치를 발견하고 자존감을 키우기는 어렵다. 그리고 좋은 성과를 낼 때에도 상대적 비교 속에서 불안정한 자존감이나 외적 자신감에 의존하게 된다.

## 개별 가정 내에서의 차별 문화

가정 내 양육 방식 또한 자녀들의 자존감을 형성하는 데 큰 영향을 미친다. 한국의 전통적 가족 문화에서는 성별과 위치에 따라 차별적 대우를 하고, 특정 자녀에게만 자원을 집중하곤 했다. 이는 개개인의 고유한 존엄성을 인정하지 않고 자녀들 간의 불평등을 초래하였다. 이러한 차별 문화는 다음과 같은 양상으로 나타난다.

첫째, 유교 문화에 따른 장자 중심 문화가 오랫동안 지속되었다. 지금의 노인 세대는 "장남은 집안의 기둥이야", "장손이 제사를 모시는 게 당연하지"와 같은 말을 들으며 자랐다. 이는 단지 말에 그치지 않고, 실제 재산 상속과 가족 내 책임 구조에까지 영향을 주었다. 장남이 부모 재산을 우선적으로 상속받는 대신, 부모 부양의 책임도 먼저 져야 했다. 이처럼 장자를 대표로 삼아 가족의 명예와 책임을 부여하는 문화는 장자에게는 과도한 부담을, 다른 자녀들에게는 소외감을 느끼게 만든다.

장자가 집안의 대표로서 특별한 대우를 받는 이러한 구조에서는 자녀들이 자신의 존재 가치를 동등하게 인식하기 어렵고, 자존감 형성의 불균형이 초래된다. 장남이 자동으로 호주가 되는 제도도 2005년에 와서야 폐지되었다.[6] 현재는 신생아 출생률이 1명 이하인 시대가 되어 장자 중심 문화가 설 자리를 잃었다. 그렇지만 여전히 언어와 관습 속에 그 흔적이 남아 있다.

둘째, 남아 선호 사상으로 인한 차별도 존재했다. "아들은 집안의 대를 잇는 사람이야", "딸 키워 봐야 소용없다", "여자가 너무 똑똑하면 시집 못 간다"와 같은 언어 표현들이 이에 해당한다. 부계 중심의 가족 제도와 재산 상속의 불평등도 오랫동안 민법으로 보장되었다.[7] 1990년 민법 개정을 통해 비로소 자녀 간 상속분이 균등하게 조정된 내용을 확인할 수 있다.

이러한 남아 선호 사상으로 인해 신생아 성비의 불균형이 심각하게 나타난 시기도 있었다. 일반적으로 정상적인 출생 성비는 여아 100명당 남아 103~107명 정도이다. 하지만 1980년대 후반부터 2000년대 초반까지는 여아 100명당 남아 110~116명이 태어날 정도로 심각한 성비 불균형이 나타났다. 2007년 이후에야 출생 성비가 정상 범위를 회복하였다.[8] 출생과 양육에 있어서 남아와 여아를 차별하지 않는 문화가 정착되기 시작한 것은 겨우 20년 정도 되었다는 의미로 해석된다. 이처럼 오랫동안 여아는 상대적으로 덜 중요한 존재로 여겨졌으며, 이는 곧 성별에 따른 차별적 양육 방식으로 이어졌다.

셋째, 지금과 달리 부모가 자녀를 많이 낳아 가구원 수가 많던 시절에는 선택적 지원과 집중이 이루어졌다. 경제적 형편이 좋지 않던 시절에는 보호자에게 마음이 있어도 모든 자녀를 똑같이 뒷바라지하기가 쉽지 않았다. 따라서 특정 자녀에게만 교육적·경제적 지원을 집중하는 경우가 많았다.

"장남이니까 공부시켜야지. 둘째부터는 대학까지는 무리야", "우리 집에서 넌 가장 똑똑하니까 네가 잘돼야 한다", "네가 성공해서 동생들 뒷바라지해라"와 같은 말들이 그런 문화를 반영한 언어들이다. 이러한 가정 내 차별적 양육 문화는 자녀들 간에 차별 의식을 내면화하도록 만들고, 형제들 간에 경쟁과 갈등을 유발하는 원인이 되기도 한다.

이러한 선택적 지원은 '나는 덜 가치 있는 존재인가?'라는 감정을 불러일으켜, 자녀 스스로의 존재 가치를 낮게 평가하게 만들기도 한다. 결국 이는 자존감 형성에 부정적인 영향을 미치게 된다.

한국 사회의 변화 속도가 매우 빠르기 때문에 지금 언급한 장자 중심 문화, 남아 선호 사상, 선택적 지원과 같은 문화는 대부분 사라졌거나 사라져가고 있다. 그렇지만 이러한 문화를 경험하며 자란 기성세대가 여전히 인구의 다수를 구성하고 있다. 그런 점에서 이러한 문화 요소는 단지 사라진 과거가 아니라, 여전히 존재하며 현재에도 영향을 미치고 있다.

실제로 지금도 일부 지역이나 세대에서는 "장남이니까 제사는 네가 챙겨야지", "아들은 의사, 딸은 간호사면 됐지"와 같은 말이 무심코 사용되며, 과거의 양육 문화가 여전히 남아 있다.

## 양육 환경의 역사적·사회적 맥락

한국의 양육 문화는 단순히 가정이나 교육 제도의 문제가 아니라, 역사적·사회적 맥락 속에서 형성된 양육의 구조적 특성을 반영한다. 유교적 가치관, 봉건적 신분 제도, 일제 강점기의 영향, 산업화와 권위주의 시대와 같은 역사적 유산과 더불어, 현대 사회의 집단주의, 입시 경쟁과 학벌 위주의 구조, 압축 성장과 초경쟁 환경, 경제적 불평등과 사회적 양극화 등이 한국의 양육 환경을 결정짓는 중요한 요소로 작용했다.

**역사적 맥락**

조선 시대를 지배했던 유교 문화는 가족 중심주의와 가부장적 질서를 강조했다. 이는 한국 사회에서 오랫동안 장남이 가문의 계승자이자 부모 부양의 책임자로 간주되는 관행으로 이어졌다. 부모와 자식 간의 관계에서는 '효(孝)'가 강조되었고, 자녀들은 독립적인 개인이기보다는 부모의 기대를 실현하는 존재로 여겨졌다. 여성은 가정 내에서 보조적 역할에 머물러야 한다는 인식이 지배적이었으며, 이러한 성별에 따른 역할 고정 관념은 남아 선호 사상을 강화하는 배경으로 작용했다.

조선 시대의 신분 질서는 현대까지도 직업에 대한 사회적 인식에 영향을 미치고 있다. "정신노동은 고귀한 것으로, 육체노동은 열등한 것으로 여기는 인식"은 사농공상(士農工商) 신분 질서의 잔재이다. 이는 의사, 변호사, 고급 관료 등 전문직에 대한 과도한 선호로 이어졌고, 기술직이나 생산직 노동을 폄하하는 경향으로 남게 되었다. 이러한 직업 귀천 의식은 한국의 학벌 사회 형성에도 영향을 미쳤으며, 부모들이 자녀 교육에 지나치게 집착하는 원인이 되었다.

일제 강점기의 영향도 무시할 수 없다. 이 시기에 중앙집권적 교육 체제와 경쟁의 토대가 형성되었다. 조선 시대 과거제를 통한 신분 상승 구조에 기반해, 일제는 학교 교육을 국가에 충성하는 신민을 양성하는 도구로 십분 활용했다. 또한 민족 간 분열을 유도하기 위해 경쟁을 조장하는 정책을 펼쳤다. 이는 입시 경쟁과 학벌 중심 사회 구조를 공고히 하는 폐해를 남겼다.

중앙집권적이고 국가 주도적인 교육 체제는 이후에도 학교 교육을 출세와 성공을 위한 경쟁 시스템으로 인식하게 했다. 해방 이후 산업화와 경제 개발 과정에서 교육은 곧 성공과 계층 상승의 핵심 수단이 되었다. 특히 1970~80년대의 고도 성장기에는 대학 졸업장이 안정적인 직업의 필수 요소로 작용하였다. 이는 "좋은 대학을 나와야 출세할 수 있다"라는 관념으로 우리 사회에 강하게 자리 잡았다. 학벌이 곧 개인의 성공을 결정하는 요소가 되었고, 자녀 교육에 대한 부모들의 경쟁적인 투자로 이어졌다.

1960~80년대 군사 정권의 권위주의적 교육 문화도 빼놓을 수 없다. 군사 정권은 학교를 철저한 규율과 결과 중심 교육의 장으로 만들었다. 학생들은 국가 발전의 도구로 간주되었으며, 교육을 통해 강한 국가 경쟁력을 확보해야 한다는 논리가 지배했다. 이 시기의 교육 문화는 학생 개개인의 창의성과 개성을 억누르고, 획일적인 성과 중심 사고를 정착시키는 결과를 낳았다.

**현재의 사회적 맥락**

현재 한국 사회의 양육 환경은 과거에 비해 엄청나게 변화하고 있다. 이를 '비동시성의 동시성'이라 부를 수 있을 것이다. 전혀 다른 양육 환경에서 자란 세대들이 서로를 잘 이해하지 못한 채 공존하고 있다고 해야 할까? 그런데도, 앞에서도 언급했듯이 한국 양육 환경의 원형적 모습은 여전히 남아 있으며 강한 위력을 발휘하고 있다.

그 핵심적 내용은 타인의 시선을 의식하는 비교 문화와 집단주의이다. 한편으로는 가족 해체가 논의될 정도로 초개인화가 진행되면서, 동시에 비교와 집단주의가 강하게 남아 있는 기형적인 공존 상태가 지속되고 있다. 초개인화는 주로 젊은 세대에게서 나타나는 반면, 집단주의적 문화는 여전히 기성세대의 가치관에 뿌리내리고 있다. 따라서 힘의 관계로 보면, 여전히 한국 사회는 집단주의적 가치관이 지배하는 사회로 보아야 할 것이다.

그리고 역설적으로, SNS의 확산으로 인해 초개인화된 젊은 세대들조차 타인의 시선을 더욱 의식하며 살아가는 경향이 있다. SNS는 겉으로는 개인의 자유로운 표현을 가능하게 했지만, 실제로는 '보여주는 나'가 '실제의 나'보다 더 중요해지는 역설을 만들어냈다. 자기 정체성을 주체적으로 형성하기보다, 끊임없이 관찰되는 자아에 맞춰 사는 방식이 강화되었다. 이러한 환경 속에서 아이들은 외부의 기준에 자신을 끼워 맞추려 한다. 이러한 시대일수록 타인의 기준이 아닌 자기 자신에 대한 내적 확신을 기르는 자존감 교육이 절실하다.

입시 경쟁과 학벌 사회의 병폐도 여전히 극심하다. 이는 거대한 사교육 시장의 형성과 사교육비 증가로 나타났으며, "좋은 대학 = 좋은 직장 = 안정된 미래"라는 공식은 여전히 강력하게 작동하고 있다. 조기 사교육이 확산되고, 학업에 대한 압박도 끊임없이 이어진다. 한국 사회에서 성공의 기준은 여전히 "대기업 취업", "전문직 진출", "공무원 합격" 등으로 한정되는 경우가 많다. 이에 따라 자녀들은 자신의 내적 동기보다는 사회적으로 정해진 '성공 경로'에 맞추기를 요구받는다.

진로와 직업 선택의 자유는 외형적으로는 확대된 듯 보이지만, 실질적으로는 사회적으로 인정받는 안정된 길만이 진로로 작동하는 경우가 많다. 자녀의 자율성과 내면의 동기를 바탕으로 한 진로 선택은 주변의 시선과 비교 속에서 쉽게 위축된다. 이는 결국 자아 정체성의 혼란으로 이어질 수 있다.

또한 단기간에 고도성장을 경험한 결과, 빠르게 성공해야 한다는 압박이 강한 문화가 형성되었다. 이는 "남들보다 앞서야 한다", "시간을 낭비하면 안 된다"라는 강박으로 이어지고, 조기 교육과 조기 취업에 대한 압력을 증가시켰다. 이런 문화에서는 아이들이 자신의 속도와 리듬에 따라 성장할 여유를 갖기 어렵다.

경제적 불평등과 사회적 양극화로 인해, 부모의 경제력이 자녀의 교육과 미래를 결정하는 구조도 공고해졌다. "금수저", "흙수저"와 같은 표현이 등장하고, 양육 방식에서도 이러한 불평등이 그대로 반영되고 있다. 상류층은 자녀에게 최고의 교육을 제공하려는 반면, 저소득층 가정에서는 교육 투자 자체가 어려운 현실이 존재한다. 교육은 더 이상 계층 이동의 사다리 역할을 하지 못하고, 오히려 계층 고착의 장벽으로 작용하고 있다.

    이처럼 현재 한국의 양육 환경은 역사적·사회적 맥락과 구조적 문제에서 비롯된 복합적인 현상이다. 그리고 수많은 변화에도 불구하고 변하지 않는 원형적 모습을 바꾸기 위해서는, 자존감을 키우는 교육, 차별 없는 가정과 사회의 양육 문화, 사회 구조적 개혁 등이 수반되어야 한다. 개개인의 고유성과 가치를 존중하는 새로운 양육 문화를 정착시킬 필요가 있다.

## 라운드 테이블

1. 당신은 어린 시절에 성취와 경쟁을 얼마나 강조받으며 자랐는가? 그 경험이 지금의 자존감과 자신감에 어떤 영향을 미쳤는지 구체적으로 돌아보자.

2. 성장 과정에서 가장 기억에 남는 "비교" 경험은 무엇이었는가? 그 경험이 당신의 가치관과 대인관계에 어떤 영향을 주었는지 성찰해 보자.

3. 한국 사회는 실패를 잘 허용하지 않는 문화가 강하다. 당신은 실패를 어떻게 바라보고 극복하며 성장해 왔는가?

4. 지금 돌이켜볼 때, 당신이 생각하는 '성공'의 의미는 무엇인가? 어린 시절 주입받았던 기준과 지금의 기준은 어떻게 다른지 비교해 보자.

5. 앞으로 자녀나 후배를 양육하거나 지도한다면, 어떤 가치를 가장 중요하게 전하고 싶은가? 그 이유와 구체적인 실천 방법을 동료들과 나누어 보자.

## 생각과 메모

# 3장
# 자존감과 자신감에 따른 인간 유형

　자존감과 자신감의 개념을 구분하는 일은 1부 전체의 핵심 문제의식이다. 자존감 교육과 자신감 교육은 서로 다른 철학에 뿌리를 두며, 미국과 덴마크의 사례에서 보듯, 각기 다른 사회상을 만들어낸다. 그런데 이 개념들은 단지 사회 구조를 설명하는 데 그치지 않고, 한 사회 내 개인들을 유형화하는 데에도 유용하게 쓰일 수 있다. 이 절에서는 그 가능성을 살펴보고자 한다.

# 자존감 중시 문화와 자신감 중시 문화

자존감과 자신감은 이미 개념적으로 구분하였으므로 여기서 반복하지는 않겠다. 둘은 명확히 다른 개념이지만, 서로를 배제하지 않는다. 상호보완적인 관계로 작용할 수 있으며, 자존감이 높으면 자신감이 낮아지고, 자신감이 높으면 자존감이 낮아지는 '제로섬' 관계도 아니다. 두 요소를 함께 높이는 교육이 가능하며, 그것이 가장 바람직한 방향일 수 있다. 따라서 교육에서는 이 둘을 균형 있게 길러야 한다.

그러나 문화심리학적 관점에서 보면, 두 요소를 동시에 균형 있게 발전시키는 일은 쉽지 않다. 자존감을 중시하는 문화와 자신감을 중시하는 문화가 지향하는 인간상과 사회상이 다르기 때문이다.

자존감을 중시하는 문화는 대체로 협력과 공존을 지향하며, 개인의 내면적 가치와 존엄성을 강조한다. 타인과의 비교보다는 자신과의 관계를 중요하게 여기고, 실패를 성장 과정의 일부로 받아들인다. 교육에서는 감정 조절, 자기 이해, 공동체 의식, 신뢰와 협력 같은 요소들이 강조된다. 북유럽 국가들이 이러한 문화를 잘 보여준다.

반면, 자신감을 중시하는 문화는 경쟁과 성과를 강조한다. 외부의 인정과 평가를 중요시하며, 자기 표현과 도전 정신을 고양한다. 실패는 극복해야 할 장애물로 간주하며, 재도전의 동력으로 활용된다. 교육에서는 목표 달성, 발표 능력, 성과 평가, 리더십 등이 강조된다. 미국은 이러한 문화의 대표적인 사례로 언급된다.

물론 이러한 구분은 절대적인 기준이라기보다, 문화적 경향성을 설명하는 데 유용한 틀일 뿐이다. 실제로 대부분 사회는 두 가지 요소를 동시에 지니고 있으며, 시대적 변화나 교육 정책에 따라 어느 한쪽이 더 부각되기도 한다.

한국 사회는 전통적으로 공동체적 가치와 관계 중심의 사고를 중시해 왔다. 그러나 초경쟁적 압축 성장을 거치는 과정에서, 자존감보다는 자신감을 중시하는 경향이 훨씬 강화되었다. 따라서 한국 사회를 이러한 관점에서 바라보는 것은, 우리의 양육 문화가 지닌 긴장과 가능성을 동시에 조명하는 데 유익한 사회학적 접근이 될 수 있다.

## 자존감과 자신감에 따른 인간 유형

한 사회의 구성원을 자존감과 자신감을 기준으로 구분하면, 네 가지 인간 유형으로 나눌 수 있다.

첫째, 자존감과 자신감이 모두 높은 사람이다. 이 유형은 자신의 존재 가치를 긍정적으로 평가하며, 자기 능력에 대해서도 강한 신뢰를 지니고 있다. 대체로 목표지향적이며 도전을 즐기고, 실패에도 쉽게 흔들리지 않는 긍정적인 태도를 보인다. 또한 타인을 존중하고, 리더십을 발휘할 가능성이 높다. 다만, 때로는 과잉 자신감으로 인해 협력보다는 독단적인 선택을 할 위험이 있다. 따라서 자기 객관화 훈련과 더불어 타인과 협력하고 팀워크를 통해 문제를 해결하는 경험을 자주 갖는 것이 필요하다.

둘째, 자존감은 높지만, 자신감은 낮은 사람이다. 이 유형은 자신의 존재 가치는 긍정적으로 평가하지만, 특정 능력이나 상황에 대한 자신감은 부족하다. 자신이 가치 있는 존재라고 믿으면서도, 과거의 실패 경험에서 비롯된 두려움이나, 완벽주의적 성향 때문에 새로운 도전을 회피하는 경향이 있다. 따라서 "시도 자체에 의미가 있다"라는 메시지를 전달하고, 작은 성공 경험을 제공함으로써 도전에 대한 두려움을 극복하도록 격려할 필요가 있다.

셋째, 자존감은 낮지만, 자신감은 높은 사람이다. 이 유형은 자신의 존재에 대해 부정적으로 인식하고 있으면서도, 특정 능력이나 성과에 대해서는 자신감을 보인다. 예를 들어, "나는 어떤 분야에 자신은 있지만, 그게 내 존재 자체의 가치를 증명해 주지는 않아"라는 생각을 가질 수 있다. 이들은 타인과 끊임없이 자신을 비교하며, 자신의 가치를 증명하려는 경향이 있어 내적인 만족을 느끼기 어렵다. 따라서 성과 중심의 자아상을 극복하고, 내면의 행복과 만족을 찾도록 도와주는 것이 중요하다.

넷째, 자존감과 자신감이 모두 낮은 사람이다. 이 유형은 자신의 존재 가치와 능력 모두에 대해 부정적인 시각을 지닌다. 매사에 소극적이며, 도전에 대한 두려움으로 실패를 회피하려는 경향이 강하다. 사회적 관계에서도 위축되고, 타인의 평가에 과도하게 의존한다. 이러한 특성은 부정적인 양육 환경과 반복된 실패 경험에서 비롯되는 경우가 많다. 따라서 지지적인 피드백을 통해 자존감을 높이고, 실패를 학습과 성장의 과정으로 받아들이도록 도와야 한다.

<표 1> 자존감과 자신감에 따른 인간 유형과 지원 방향

| 자존감 | 자신감 | 주요 특징 | 지원 방향 |
|---|---|---|---|
| 높음(+) | 높음(+) | 자기 긍정과 도전적 태도, 리더십 발휘 가능성 | 과잉 자신감 조절, 협력적 태도 훈련 |
| 높음(+) | 낮음(-) | 존재 긍정, 실패에 대한 두려움 | 작은 성공 경험, 도전 격려 |
| 낮음(-) | 높음(+) | 성과 중심, 내적 공허감 | 존재 가치 강화, 내적 만족 강조 |
| 낮음(-) | 낮음(-) | 자기 부정, 위축과 회피 | 지지적 피드백, 신뢰 회복 |

이 네 가지 유형은 개인이 자신의 내적 가치와 외적 역량을 어떻게 인식하고 있는지를 분석하는 데 유용한 틀이다. 물론, 이러한 유형은 고정된 것이 아니며, 교육과 경험, 환경에 따라 변화할 수 있다. 따라서 자기 성찰과 교육, 상담 등을 통해 자존감과 자신감을 함께 길러나갈 수 있도록 지속적인 지원이 필요하다.

# 자존감[9]과 자신감 진단 체크리스트

자존감과 자신감을 기준으로 인간 유형을 분류하고, 자신이 어떤 유형에 속하는지를 실제로 진단해 보는 일은 매우 의미 있다. 이를 위해 자존감 self-esteem과 자신감 self-confidence을 기준으로 4가지 유형을 구분하는 체크리스트를 제안한다. 이 체크리스트는 자존감과 자신감을 각각 측정하는 문항들로 구성되며, 응답자의 점수에 따라 자신의 유형을 판별할 수 있도록 설계되었다.

문항 구성에 있어 자존감은 내적 자존감과 사회적 자존감[10]으로, 자신감은 상황적 자신감과 기술적 자신감[11]으로 구분하였다. 각 하위 요소를 측정하는 문항은 각각 3개씩 포함되어 있다.

- 내적 자존감: 자신의 내면적 가치를 얼마나 인정하고 존중하는지를 의미한다.
- 사회적 자존감: 타인과의 관계에서 자신을 어떻게 인식하는지를 의미한다.
- 상황적 자신감: 환경 변화나 도전에 직면했을 때 느끼는 자신감을 의미한다.
- 기술적 자신감: 자신의 능력과 전문성에 대한 신뢰를 의미한다.

네 가지 범주와 관련하여 독자의 이해를 돕기 위해 약간의 설명을 덧붙인다. 일부 독자들은 사회적 자존감과 상황적 자신감이 다소 유사하게 느껴질 수도 있다. 그러나 두 개념은 초점과 기준에서 중요한 차이가 있다. 사회적 자존감은 사회적 관계 속에서 자기 존재에 대한 내적 인식과 관련된다면, 상황적 자신감은 주어진 환경에서의 자기 능력과 수행 가능성에 더 초점을 둔다.

(1) 내적 자존감 문항
- 나는 타인의 평가와 상관없이 내 가치를 느낀다.
- 나는 실패했을 때도 나 자신을 존중한다.
- 나는 내 삶의 의미를 스스로 정의할 수 있다고 생각한다.

(2) 사회적 자존감 문항
- 나는 다른 사람들과의 관계에서 내 가치를 인정받고 있다고 느낀다.
- 나는 친구나 동료들에게 존중받는다고 느낀다.
- 나는 타인의 비판을 수용하며, 이를 내 성장의 기회로 삼는다.

(3) 상황적 자신감 문항
- 나는 낯선 환경에서도 잘 적응하는 편이다.
- 나는 어려운 문제를 만났을 때도 해결할 수 있다고 믿는다.
- 나는 대중 앞에서 나의 생각을 명확하게 표현할 수 있다.

(4) 기술적 자신감 문항
- 나는 내가 가진 기술과 능력이 충분히 경쟁력 있다고 느낀다.
- 나는 맡은 일을 성공적으로 완수할 수 있다고 믿는다.
- 나는 전문성이 요구되는 상황에서 내 능력을 효과적으로 발휘할 수 있다.

<표 2> 자존감과 자신감 진단 체크리스트

| 번호 | 항목 | 매우 그렇다 | 그렇다 | 보통이다 | 그렇지 않다 | 매우 그렇지 않다 |
|---|---|---|---|---|---|---|
| 1 | 나는 타인의 평가와 상관없이 내 가치를 느낀다. | | | | | |
| 2 | 나는 실패했을 때도 나 자신을 존중한다. | | | | | |
| 3 | 나는 내 삶의 의미를 스스로 정의할 수 있다고 생각한다. | | | | | |
| 4 | 나는 다른 사람들과의 관계에서 내 가치를 인정받고 있다고 느낀다. | | | | | |
| 5 | 나는 친구나 동료들에게 존중받는다고 느낀다. | | | | | |
| 6 | 나는 타인의 비판을 수용하며, 이를 내 성장의 기회로 삼는다. | | | | | |
| 7 | 나는 낯선 환경에서도 잘 적응하는 편이다. | | | | | |
| 8 | 나는 어려운 문제를 만났을 때도 해결할 수 있다고 믿는다. | | | | | |
| 9 | 나는 대중 앞에서 나의 생각을 명확하게 표현할 수 있다. | | | | | |
| 10 | 나는 내가 가진 기술과 능력이 충분히 경쟁력 있다고 느낀다. | | | | | |
| 11 | 나는 맡은 일을 성공적으로 완수할 수 있다고 믿는다. | | | | | |
| 12 | 나는 전문성이 요구되는 상황에서 내 능력을 효과적으로 발휘할 수 있다. | | | | | |

각 문항은 5점 척도(1점: 전혀 그렇지 않다 ~ 5점: 매우 그렇다)를 기준으로 응답하며, 자존감은 총 6문항(최대 30점), 자신감도 총 6문항(최대 30점)으로 구성되어 있다. 점수의 중간값인 18점을 기준으로 하여 각 영역을 '높음' 또는 '낮음'으로 분류할 수 있다.

<표 3> 자존감·자신감 유형 판별 기준[12]

| 유형 번호 | 유형 설명 | 자존감 점수 | 자신감 점수 |
|---|---|---|---|
| ① | 자존감과 자신감이 모두 높은 유형 | 18점 초과 | 18점 초과 |
| ② | 자존감은 높지만 자신감은 낮은 유형 | 18점 초과 | 18점 이하 |
| ③ | 자존감은 낮지만 자신감은 높은 유형 | 18점 이하 | 18점 초과 |
| ④ | 자존감과 자신감이 모두 낮은 유형 | 18점 이하 | 18점 이하 |

이 척도는 다음과 같은 다양한 목적으로 활용될 수 있다.

- **자기 성찰**: 자존감과 자신감을 스스로 점검하고, 향후 성장 방향을 설정하는 데 도움을 준다.
- **상담 및 코칭**: 상담이나 코칭 과정에서 개인의 심리적 성향이나 문제를 진단하는 데 활용할 수 있다.
- **조직 관리**: 구성원의 성향을 파악하여 팀워크를 강화하고 갈등을 해결하는 데 유용하게 활용할 수 있다.
- **교육 프로그램**: 교사가 학생의 심리 유형을 이해하고, 맞춤형 피드백을 제공하는 데 도움이 된다.
- **장기적 변화 추적**: 동일한 체크리스트를 반복 사용함으로써 자존감·자신감 변화 과정을 추적할 수 있다.

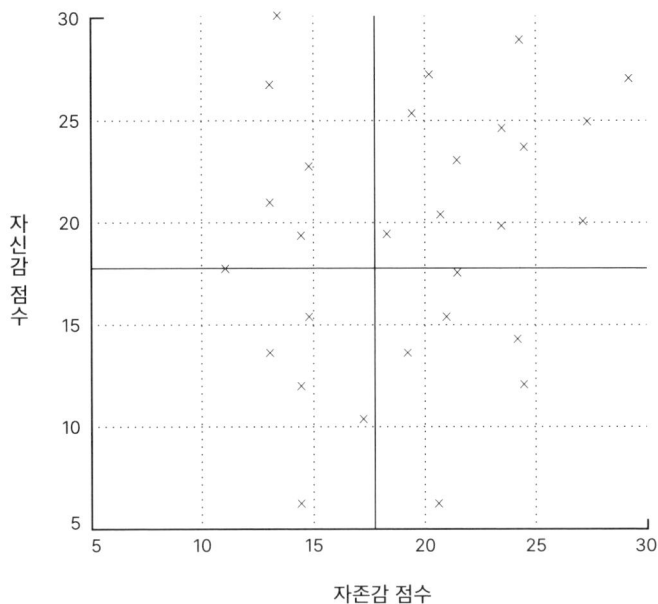

<그림 1> 자존감과 자신감 유형 분포 시각화 그래프

〈그림1〉은 자존감과 자신감 점수를 2차원 공간에서 시각화한 것이다. X축은 자존감 점수, Y축은 자신감 점수를 나타내며, 각 점은 개별 응답자의 위치를 의미한다. 이 그래프는 자존감과 자신감 사이의 관계를 시각적으로 한눈에 보여준다. 또한 응답자들의 유형 분포를 분석할 수 있어, 자존감과 자신감이 높은 그룹과 낮은 그룹 간의 특성을 비교하거나 특정 영역에 응답자가 몰리는 경향을 파악하는 데 유용하다. 이를 통해 교육, 상담, 조직 개발 등의 맥락에서 보다 정밀한 이해와 개입이 가능하다.

## 자존감은 낮고 자신감은 높은 지도자 유형

사회심리학적 혹은 문화심리학적 관점에서 볼 때, 우리나라처럼 초경쟁적이고 성취 지향적인 사회에서는 자존감은 낮고 자신감은 높은 인간 유형이 상대적으로 많을 가능성이 높다. 더욱이 이러한 유형의 사람이 사회 지도층에서 발견될 가능성은 다른 나라에 비해 더 높을 것이다. 이는 경험적 검증이 필요한 하나의 가설이지만, 충분히 타당한 추론이라 판단한다. 이 글에서는 그 가능성을 우리 사회의 문화적 맥락과 연결해 설명하고자 한다.

우선, 대한민국은 여전히 상당한 정도의 집단주의 문화를 가지고 있다. 이런 문화에서는 타인의 인정이 곧 자기 존재의 가치를 결정하는 기준이 된다. 즉, 사람들은 자기 자신에 대한 근본적인 긍정감을 스스로 확립하기보다는, 사회적 성공을 통해 이를 보완하려는 경향을 보인다. 이러한 사회적 구조에서는 성공한 사람들, 예컨대 유력 정치인, 기업가, 연예인 등은 외부 평가에 민감하고, 성과를 통해 자기 가치를 증명하려는 압박감을 강하게 느끼게 된다.

한국의 경쟁적 교육 시스템 또한 이러한 경향을 강화한다. '한 줄 세우기' 문화와 성적 위주 평가 방식 등 입시 중심 교육은 개인의 존재 가치를 성과와 결과로만 판단하는 경향을 심화시킨다. 학생들은 내면의 자기 긍정감을 기르기보다는, 외적 성취에 의존하는 방식으로 성장할 가능성이 크다. "공부를 못하면 가치 없는 존재"라는 사회적 메시지가 강하게 작용하면서, 자신의 존재 가치는 낮게 평가하면서도 특정한 능력(시험 점수, 업무 수행 능력 등)에 대한 자신감만 높은 유형이 만들어질 수 있다.

이를 비교문화적 관점에서 보면, 한국 사회와 서구 사회의 지도자 유형이 차이가 있을 가능성이 있다. 성취 중심이며 타인 평가에 의존적인 한국 사회에서 성공한 사람들은 자신감은 높지만, 내적인 자존감이 상대적으로 낮은 경우가 많다. 반면, 개인주의적이고 내재적 자존감을 강조하는 서구, 특히 북유럽 국가들은 개인의 내면적 가치를 인정하는 교육과 사회 구조가 비교적 잘 형성되어 있어, 자신감은 높지만 자존감이 낮은 지도자가 배출될 가능성은 상대적으로 낮다. 경쟁이 치열한 미국 사회 역시 개인주의적 문화의 영향으로, 자기 가치를 스스로 확립하는 훈련이 더 강조되는 경향이 있다.

낮은 자존감과 높은 자신감이 결합된 사회적으로 성공한 사람이나 지도자들은 권력과 성과를 통해 자기 가치를 증명하려 한다. 자신에 대한 비판을 개인적인 위협으로 받아들이며, 타인의 인정이 없으면 불안함을 느낀다. 또 자기 잘못을 타인의 책임이나 환경 탓으로 돌리는 경향이 강하다. 한국의 정치인, 고위 공직자, 기업 경영진 중에서 이러한 유형을 비교적 쉽게 발견할 수 있다.

내가 생각하기에 그 대표적인 최근 사례가 윤석열 대통령이다. 그는 엘리트 코스를 밟아 대통령의 자리까지 올랐다. 그러나 그의 행동 전반에는 낮은 자존감이 깊게 배어 있다. 분노를 조절하지 못하고, 사과할 줄 모른다. 남의 말을 이해하지 못하며, 타인에 대해 매우 공격적인 성향을 보인다. 자신에 대한 비판을 견뎌내지 못하고, 폭력적인 방식으로 응수

한다. 이는 낮은 자존감을 지닌 사람들에게서 흔히 나타나는 전형적인 특징이다.

동시에 그는 비상계엄을 비롯한 거의 모든 통치 행위에서 극도의 자기 확신에 빠진 잘못된 자신감을 보여주었다. 정당한 비판조차 받아들이지 못하고, 이를 모욕이나 적대 행위로 간주하는 태도는 그의 불안정한 내면을 반영한다. 그는 권력을 유지하기 위해 소수의 측근 집단에만 과도하게 의존하며, 자신의 판단에 의심이 생기면, 오히려 더욱 강경한 태도로 대응하는 경향을 보였다.

윤석열 대통령은 성취 중심 사회 구조, 비판에 대한 극단적인 거부 반응, 그리고 권력을 정당화하고 방어하기 위한 강압적이고 독단적인 리더십을 보여준다. 그는 자존감은 낮고 자신감은 높은, 위험한 지도자 유형의 전형적인 사례라 할 수 있다.

## 라운드 테이블

1. 당신은 지금까지의 삶에서 자존감과 자신감을 어떻게 길러 왔는가? 두 요소 중 어떤 쪽이 더 강하거나 약하다고 느끼는지, 그 이유와 함께 성찰해 보자.

2. 실패나 좌절을 경험했을 때, 그것이 당신의 자존감과 자신감에 어떤 영향을 미쳤는가? 구체적인 사례를 들어 생각해 보자.

3. 당신은 타인의 인정과 평가가 자신의 자존감과 자신감에 얼마나 큰 영향을 미친다고 생각하는가?

4. 네 가지 인간 유형 중에서 당신이 바라는 이상적인 모습은 무엇인가? 그 모습을 위해 지금부터 어떤 노력을 할 수 있을지 계획을 세워 보자.

5. 앞으로 자신을 더 건강하게 성장시키기 위해 자존감과 자신감을 어떻게 관리하고 변화시켜 나갈지 자신이 계획한 바를 동료들과 나누어 보자.

생각과 메모

4장

# 자존감과 건강한 리더를 양성하는 교육과 사회

　3장에서 네 가지 인간 유형을 분류하면서 나는 어디에 속할까를 성찰해 보았다. 아주 강하지는 않지만, 나도 자존감은 낮고 자신감은 높은 인간 유형일지도 모른다고 생각했다. 나는 학교 다닐 때 공부를 잘한 축에 속했고, 대학의 총장을 역임했으니 어느 정도는 성공한 삶을 산 셈이다. 그러나 다른 사람이 나에 대해서 비판하는 것은 너그럽게 받아들이지 못하고, 또 목표하는 바가 잘 풀리지 않으면 쉽게 불안을 느끼곤 한다. 이런 성향은 2장에서 언급한 우리나라의 양육 환경과 밀접한 관련이 있다.

　내 학창 시절을 돌이켜보면, 초등학교 때는 석차가 적힌 성적표가 교실 뒤에 게시되었고, 중등학교 시절에는 월례고사에서 90점 이상을 받은 학생이 전교 조회 시간에 호명되어 금색 배지를 달고 다녔다. 나는 종종 금배지를 달았지만, 뿌듯한 자신감과 함께 성적이 떨어지면 어떻게 하나 하는 불안도 동시에 지니고 성장했던 것 같다. 요즘 표현으로 하면 그런 일종의 '야만 교육'은 겉으로는 거의 사라졌다. 그러나 아이들을 경쟁시키고 석차 중심으로 평가하는 문화의 근본은 여전히 크게 달라지지 않았다.

이러한 문화는 여전히 아이들의 자존감과 자신감에 영향을 미치고 있다. 그렇다면 건전한 자존감과 자신감을 기를 수 있는 사회문화적 환경을 조성하고, 건강한 리더를 양성하기 위해 가정, 학교, 사회는 무엇을 해야 할까?

## 자존감을 높이는 교육

### 가정에서의 자존감 교육

가정은 자존감 형성의 가장 기초적이며 중요한 환경이다. 그러나 앞서 살펴보았듯, 한국의 가족 문화는 유교적 전통, 남아 선호, 선택적 집중과 같은 양육 방식으로 인해 자녀가 건강한 자존감을 형성하는 데 어려움을 겪어왔다. 물론 시대 변화에 따라 양육 방식도 달라지고 있지만, 변화의 방향은 일관되지 않는다. 가정의 양육 환경은 점점 다원화되고 있으며, 부모의 사회문화적 배경에 따라 다양한 형태를 띤다. 또 서구 문화의 영향을 받아 개인주의적 풍토가 강해지는 가운데, 여전히 집단주의적 가치관도 공존하고 있다.

최근 연구에서도 가족주의적 성향, 자녀의 성공을 자신의 성공과 동일시하는 경향, '엄부자모(嚴父慈母)'로 표현되는 권위적인 아버지상과 헌신적인 어머니상, 그리고 교육열로 대표되는 과잉 간섭 등이 여전히 한국적 양육 환경의 주요 특징으로 나타난다.[13] 이러한 요소들은 자녀를 독립적이며 존중받아야 할 존재로 대하기 어렵게 만든다. 그렇다면 한국적 양육 문화를 성찰하며, 가정에서 자녀의 자존감을 높이기 위해 실천해야 할 방법은 무엇일까?

### ① 존재 그 자체로 존중하기

부모는 자녀의 성공이나 실패와 관계없이 그 존재 자체를 소중하게 여겨야 한다. "너는 존재만으로 소중해", "네가 있어서 행복해"와 같은 표현은 자녀가 조건 없는 사랑을 느끼게 한다. 자존감은 본질적으로 자신이 가치 있는 존재라는 확신에서 비롯된다.

그런데 다자녀 시대였던 과거에는 자녀 간에 비교하는 문화로 인해 자녀를 존재 자체로 존중하기가 어려웠다. 반면, 한 자녀 시대인 오늘날에는 자기 자녀만을 소중히 여기는 편협한 양육 방식이 나타나기 쉽다. 이러한 좁은 의미의 자녀 사랑은 역설적으로 비교의 문화로 연결되어, 종국적으로 자녀의 자존감을 손상시킬 위험이 있다.

그러므로 보호자는 자기 자녀뿐 아니라 모든 아이가 '존재 그 자체로 소중하다'는 관점을 갖고, 이에 따라 행동해야 한다. '존재의 존엄함'을 인정하는 태도는 자녀의 자존감 형성뿐 아니라 더 평등하고 포용적인 사회문화를 만드는 데에도 기여할 수 있다.

### ② 자녀를 독립된 존재로 인정하기

부모는 자녀를 자신의 부속물이나 연장선으로 여기지 않도록 노력해야 한다. 자녀는 부모에게서 태어났지만, 독립적인 인격을 지닌 개별적 존재이다. 그러나 관계 중심의 가족주의 문화가 강한 환경에서는 이러한 사실이 간과되기 쉽다. 그 결과, 부모가 사업에 실패하거나 극단적인 어려움에 처할 경우, 자녀와 함께 동반 자살을 시도하는 비극적인 사건이 종종 보도되기도 한다.

따라서 자존감 교육의 첫 번째 원칙은, 자녀를 자신과 분리된 존재로 인정하는 것이다. 이는 '자녀는 하늘이 내려준 선물'이라는 말과도 일맥상통한다. 부모는 자녀를 자신의 창작물이 아니라, 부모의 몸을 빌려 이 세상에 태어난 하나의 독립적 타자로 존중해야 한다.

자녀를 독립된 존재로 존중하는 태도는, 자녀 스스로 자기 삶의 주체가 되도록 돕는 출발점이 된다. 이는 단지 자존감 향상에 그치지 않고, 부모와 자녀 간의 건강한 거리와 경계를 세우는 데도 매우 중요한 원칙이다.

### ③ 긍정적 피드백과 효과적인 칭찬하기

우리 사회는 전반적으로 칭찬에 인색한 경향이 있다. 이는 경쟁과 성취 지향적인 사회 구조에서 비롯된 자연스러운 결과라고 할 수 있다. 그러나 이러한 문화는 사회를 메마르고 삭막하게 만든다. 작은 성취에도 서로 긍정적인 피드백과 격려를 주고받는다면, 지금보다는 훨씬 따뜻하고 건강한 사회가 될 것이다.

특히, 어린 세대에게는 더 많은 칭찬과 인정이 필요하다. 자녀나 또래 친구들에게 부정적인 말을 하기보다는, 긍정적인 피드백을 제공하려는 노력이 중요하다.

또 칭찬을 할 때에도 '제대로 된 칭찬'을 하기 위해 주의를 기울여야 한다. 무엇보다 중요한 것은, 타고난 재능보다 노력과 과정을 강조하는 칭찬을 하는 것이다. 이러한 방식은 실패를 두려워하지 않고 다시 도전할 수 있는 회복 탄력성 resilience 을 기르는 데 큰 도움이 된다.

### ④ 자율성과 책임감을 키울 기회 제공하기

자녀를 독립적인 존재로 인정하는 것은 자연스럽게 자율성을 부여하고 책임감을 키우는 것과 연결된다. 자녀가 스스로 선택하고 도전하며, 자신의 문제를 주체적으로 해결할 수 있도록 격려하고 신뢰하는 태도가 필요하다. 이를 위해서는 발달 단계에 맞게 자율성과 책임의 범위를 점진적으로 확장해 나가는 것이 중요하다.

영유아기에는 일상생활 속에서 옷 고르기나 식사 메뉴 정하기 같은 작은 선택의 기회를 주는 것이 출발점이 될 수 있다. "이 옷이 좋을까, 저 옷이 좋을까?", "레고 가지고 놀까, 젠가 가지고 놀까?"처럼 제한된 선택지를 제시하되, 결정은 자녀에게 맡기는 방식이 효과적이다.

학령기에는 숙제나 공부 계획을 스스로 세우고 실천하게 하거나, 학급 임원이나 모둠 활동 등에서 책임 있는 역할을 맡아보는 경험을 제공하는 것이 중요하다. 이 시기의 자녀는 또래 관계와 학교 활동을 통해 사회적 책임과 자기조절 능력을 키울 수 있다.

청소년기에는 보다 복잡한 선택과 책임이 요구된다. 진로 탐색, 용돈 관리, 시간 배분 등에서 자율적 결정을 내릴 수 있는 기회를 제공해야 하며, 때로는 실패도 경험하게 하되, 그 과정을 통해 배우고 성장할 수 있도록 돕는 태도가 필요하다. 이러한 경험의 축적은 자녀로 하여금 "나는 내 삶을 주도할 수 있다"는 내적 통제감과 자기 효능감을 키우게 한다.

### ⑤ 부모 스스로 건강한 자존감을 지니기

부모는 자녀의 거울이다. 자녀의 자존감 교육에서 가장 먼저 고려해야 할 것은 바로 부모 자신의 자존감이다. 광복 이후 지금까지, 세계에서 가장 경쟁적인 사회를 온몸으로 살아낸 세대들은 높은 자존감을 지니기가 쉽지 않다. 그리고 낮은 자존감은 종종 자신이 이루지 못한 한이나 꿈을 다음 세대를 통해 이루고자 하는 잘못된 욕망으로 전환되기 쉽다.

따라서 부모를 비롯한 기성세대 모두가 스스로 건강한 자존감을 형성하고, 자녀에게도 긍정적인 자아상을 심어주기 위해 노력해야 한다. 부모가 자주 자신을 비하하거나, 스스로를 존중하지 않는 모습을 보이면, 자녀 역시 그 모습을 내면화하게 된다. 그것은 자녀에게 결코 물려주어서는 안 될 가장 나쁜 유산 중 하나이다.

### 학교와 사회에서의 자존감 교육

한국의 학교와 사회는 경쟁주의, 학벌주의, 성과주의, 그리고 과도한 비교 문화가 뿌리 깊다. 이는 개인의 독립성과 고유한 가치를 인정하고 존중하는 문화를 형성하는 데 장애가 된다. 따라서 학교와 사회 역시 아이들 각자의 자존감을 존중하는 방향으로 변화해 나가야 한다.

### 1) 학교 교육은 어떻게 달라져야 할까?

#### ① 성적 비교 및 차별 문화 개선하기

학생을 성적으로 비교하고 차별하는 문화는 반드시 개선되어야 한다. 초등학교에서는 상대평가 방식의 성적 표기가 사라진 지 오래되었고, 현재는 중학교뿐 아니라 고등학교에서도 성취 기준에 기반한 절대평가 제도를 도입하려는 시도가 진행 중이다.

그러나 이러한 제도와 기존 문화 사이에는 갈등과 충돌이 여전히 존재한다. 학교에서는 석차 없는 성적표를 받지만, 사교육 업체에서는 경쟁 중심의 교육이 더욱 강화되는 이중 구조가 여전히 존속하고 있다.

따라서 대학 입시 중심의 학벌 구조와 차별적인 고용 시장 문화를 개선하려는 노력이 시급하다. 타인과의 경쟁보다는 자기 자신과의 비교를 통해 지속적으로 성장하도록 돕는 교육 방식이 강조되어야 하며, 그러한 교육이 사회에서 수용될 수 있도록 사회 구조 역시 함께 혁신되어야 한다.

#### ② 실패를 두려워하지 않는 학습 문화 조성하기

학생들이 실패를 두려워하지 않고 그것을 성장의 기회로 삼을 수 있도록 교육 환경을 조성해야 한다. 이를 위해 교육자 스스로 자신의 실수를 자연스럽게 인정하고, 이를 배움의 계기로 삼는 모습을 자주 보여주는 것이 중요하다.

또한 학업뿐 아니라 체육, 예술, 창의적 활동, 사회봉사 등 다양한 영역에서 성취를 경험할 수 있는 기회를 제공해야 한다. 실패는 더 나아지기 위해 때로는 반드시 거쳐야 할 과정임을 인식시켜야 하며, 그 경험에서 무엇을 배웠는지를 스스로 성찰하도록 돕는 교육이 필요하다.

이러한 교육적 노력과 더불어, 양극화된 사회 구조를 개선하려는 제도적 변화도 함께 이루어져야 한다. 한 번의 실패로 감당해야 하는 비용이 지나치게 큰 사회에서는, 아무리 실패를 긍정하는 교육을 강조하더라도 학생들은 모험보다 안전한 선택을 할 수밖에 없다. 결국, 실패를 두려워하지 않는 학습 문화를 가능하게 하려면 교육과 사회가 함께 변화해야 한다.

### ③ 자율적 선택 및 관계 중심 교육 강화하기

학생들이 수업의 내용과 방식을 일정 부분 선택할 수 있도록 기회를 제공해야 한다. 이러한 경험은 학생의 주도성을 키우고, 자존감과 자신감을 함께 높여주는 계기가 된다.

특히 학교 민주주의와 관련하여, 학생 자치회 활동을 강화하고, 학생들의 의견이 학교의 주요 의사결정에 합리적으로 반영되도록 민주적인 절차를 보장해야 한다. 나아가 이러한 활동은 학교를 넘어, 청소년이 지방자치단체나 국가의 의사결정 과정에 참여할 수 있도록 하는 제도적 통로로도 연결되어야 한다.

또한 또래 간 협력 활동을 늘려, 공감과 이해를 바탕으로 긍정적인 인간관계를 형성할 수 있도록 지원해야 한다. 직소 수업 Jigsaw Classroom 등 다양한 협동학습 방식은 책임감, 참여의식, 또래 간 관계 개선에 효과적이다. 참고로 직소 수업 Jigsaw Classroom은 1971년, 미국의 사회심리학자 엘리엇 아론슨Elliot Aronson이 미국 남부의 인종 통합 이후 발생한 학생 간 갈등을 완화하고, 상호 이해와 협력을 증진시키기 위해 개발한 협동학습 기법이다.[14]

이를 특별히 언급하는 이유는, 협동학습이 단순히 학습을 효율적으로 수행하는 교수기법에 머무는 것이 아니라, '어떤 인간을 기르고, 어떤 사회를 만들 것인가'라는 교육철학과 직결된다는 점을 강조하기 위함이다. 이러한 맥락에서, 교육과정 속에 다양한 협동학습 방법을 체계적으로 안내하고, 교사 연수 또한 형식적인 수준을 넘어서 실제적인 실행력을 갖출 수 있도록 이루어져야 한다.

**④ 교사의 역할 및 학교 문화 개선하기**

이 주제를 적으면서, 40년 가까이 교직에 몸담아 온 나 자신에 대해 먼저 반성하게 된다. 나는 폭력적이거나 불성실한 교육자는 아니었다고 생각한다. 그러나 성적이 우수한 학생과 그렇지 않은 학생을 모두 공정하게 대하고, 모든 학생의 성장을 위해 진심으로 노력했는가를 돌아보면, 여전히 많은 아쉬움이 남는다. 한국 학교의 성취 중심, 경쟁 중심의 문화 속에서 나 역시 근본적으로 저항하지 못한 채 교직 생활을 이어온 것은 아닌지 후회가 된다.

교사는 학생의 자존감 형성, 나아가 자신감 발달에 결정적인 영향을 미치는 존재이다. 교사의 한마디 말, 태도, 평가 방식은 학생의 자존감과 자신감을 크게 좌우할 수 있다. 학생들을 존중하는 언어로 대하고, 장점과 노력을 강조하는 피드백을 제공해야 한다.

특히, 학생 개개인에게 맞춤형 피드백을 제공하는 데 있어 한국의 학교는 아직 미흡한 점이 많다. 이러한 문제를 개선하기 위해서는 교사의 전문성 향상은 물론, 교육 제도와 학교 문화 전반의 구조적 변화가 함께 이루어져야 한다.

**2) 사회는 어떻게 달라져야 할까?**

**① 학벌주의에서 평생학습 사회로 전환하기**

학벌주의는 오래전부터 우리 사회의 고질적인 문제로 지적되어 왔다. 많은 사람들이 그 문제점을 인식하고 있지만, 실질적인 변화는 여전히 더디다. 특히 젊은 세대에서는 입시의 공정성이 강조되면서, 소위 '입결(入結)'에 따른 차별 의식이 오히려 강화되는 경향도 일부 나타나고 있다. 특정 대학에 진학하거나 특정 직업을 얻지 못하면 실패한 인생으로 간주되는 문화는 반드시 개선되어야 한다.

비유하자면, 마라톤 경주에서 10킬로미터 지점에서 1등이 결승점까지도 계속 1등일 가능성은 높지 않다. 10~20대 초반의 약간의 우위가 학벌로 연결되고, 그것이 인생의 혜택으로 이어지는 구조야말로 공정하지 않은 사회의 모습이다. 10대~20대의 선택이 인생 전체를 결정짓지 않도록, 언제든지 배우고 변화할 수 있는 평생학습 사회로 나아가야 한다. 우리 사회는 평생 배우는 사람을 더 존중하고 존경하는 문화를 확산시켜야 한다.

② 성공에 대한 정의 확장하기

우리 사회는 성공에 대한 정의가 지나치게 획일적이다. 학벌, 직업, 경제적 성취라는 좁은 가치관에 매여 있으며, 마치 서울 강남을 향한 거대한 욕망이 사회 전반을 움직이는 듯하다. 이처럼 몇 가지 좁은 성공 기준만을 중심으로 서로를 비교하다 보니, 사회 전체가 불행해지고 있다.

따라서 학벌, 직업, 경제적 성취만을 성공의 척도로 삼지 않고, 다양한 삶의 방식을 존중하는 문화를 조성해야 한다. 물질적 성공 중심의 가치관에서 벗어나, 개인의 행복과 삶의 의미를 중시하는 사회적 가치로 전환해야 한다.

③ 미디어와 SNS를 통한 긍정적 자아상 확립하기

한국은 세계에서 성형 문화가 가장 발달한 나라 중 하나이며, 미디어와 SNS는 외모 지상주의적 메시지로 가득 차 있다. 뿐만 아니라, 사회적 가치와 무관하게 돈을 많이 번 사람들의 이야기와 이미지가 넘쳐난다. 이러한 자극적인 SNS와 미디어는 왜곡된 성공 이미지를 끊임없이 노출시켜 자존감에 부정적인 영향을 줄 수 있다.

이를 개선하기 위해서는 미디어 리터러시 교육을 강화하고, 다양한 삶의 가치를 인정하는 문화를 조성해야 한다. 나아가 근본적으로는 사회적, 문화적, 경제적 격차를 줄이기 위한 지속적인 노력이 필요하다.

학교와 사회가 변화하지 않으면 자존감 교육은 단지 구호에 그칠 수밖에 없다. 자존감이 존중받는 환경에서 성장한 아이들은 자신의 가치를 확신하며, 타인과도 건강한 관계를 맺을 수 있다. 교육과 사회의 근본적인 변화 없이는 지속적인 성장이 어렵기에, 개인은 물론 사회 전체가 함께 노력해야 한다.

# 건강한 리더를 양성하는 사회

앞서 살펴본 바와 같이, 우리나라의 양육과 교육 환경은 낮은 자존감과 높은 자신감이 결합된 왜곡된 지도자 유형을 길러낼 가능성이 높다. 이러한 리더십 유형은 개인에게도 불행이지만, 사회 전체적으로도 큰 손실을 초래할 수 있다. 지도자의 위치에 있는 사람이 타인의 말을 경청하지 않고 비판에 취약하면서도, 특정 사안에 대해 과도한 확신을 가지고 행동할 경우, 사회는 심각한 위기에 처할 수 있다. 이러한 문제를 예방하려면, 민주적이고 합리적으로 사고하고 행동하는 건강한 리더를 양성하기 위한 학교와 사회의 역할을 숙고할 필요가 있다.

**건강한 리더십을 위한 교육의 과제**

권력을 추구하는 욕망은 인간 본성 깊숙이 자리 잡고 있다. 어떤 사람은 사회에 이바지하려는 선한 의지로 권력을 추구하지만, 그렇지 않은 이들 중 상당수는 단지 힘을 행사하고 누리는 자리를 탐해 권력을 원한다. 후자에 해당하는 사람들은 특권의식에 빠지기 쉬우며, 해당 직위가 요구하는 역할에 비해 무능한 경우도 많다. 이런 지도자가 많을수록 공익 실현과 사회의 안정적 발전은 어려워진다.

민주 사회의 지도자는 특권의식을 내려놓고, 타인을 자신과 동등하게 존중하는 태도를 길러야 한다. 그는 공동체와 협력하며 이를 이끌어가는 존재로서, 자신의 책무를 정확히 인식해야 한다. 이를 위한 교육적 과제로는 다음과 같은 점들이 중요하다.

첫째, '자기 존중'과 더불어 '타인 이해'의 핵심 덕목을 길러야 한다.

전통적인 리더십 교육은 대중을 이끄는 강한 리더를 양성하는 데 중점을 두었다. 건강하고 강인한 체력, 뛰어난 화술, 협상 기술, 목표 달성 전략 등을 강조했다. 그러나 현대 사회가 요구하는 민주적 리더십은 타인을 이해하고 배려하는 능력에서 비롯된다. 그 출발점은 자기 존중과 자기 이해이다. 자존감이 낮은 사람은 좋은 리더로 성장하기 어렵다. 따라서 리더십 교육에서도 자기 존중감을 함양하는 것이 가장 먼저 다루어져야 한다. 자기 존중을 기반으로 자신의 강점과 약점을 객관적으로 인식하고, 그것이 리더십 행사에 어떤 영향을 미치는지를 성찰할 수 있어야 한다. 이러한 자기 이해와 성찰의 태도는 타인을 존중하는 태도로 자연스럽게 확장될 수 있다.

실패에 대한 태도 역시 교육과 훈련의 대상이 되어야 한다. 자존감이 낮은 지도자는 실패를 인정하지 않으며, 실수에 대해 사과하는 데 인색하다. 또한 자신의 책임을 회피하고 타인에게 전가하는 경향이 있다. 그러므로 아동기부터 실패를 삶의 자연스러운 일부로 받아들이고, 책임지는 태도와 함께 배움과 성장을 지속하려는 자세를 기르는 것이 중요하다.

둘째, '권력 지향적 리더'가 아니라 '공감적 리더'를 양성해야 한다.

앞서 언급했듯, 권력 의지는 인간이라면 누구나 지니는 특성이다. 그것 자체는 비난의 대상이 아니다. 훌륭한 역량을 지닌 지도자들이 적절한 위치에 있어야 사회가 조화롭게 발전할 수 있다. 문제는 자존감이 낮은 사람이 권력을 통해 자존감을 보상받으려 할 때 발생한다. 이들은 자신의 역량을 넘는 자리를 탐하게 되고, 결과적으로 자신은 물론 조직과 사회 전체에 피해를 끼친다.

사회학의 '피터의 법칙 The Peter Principle'은 이런 현상을 설명하는 데 도움이 된다.[15] 이 이론에 따르면 사람은 능력과 무관하게 계속 승진하다가 결국 무능한 상태에 이르게 된다. 반면 건강한 리더는 자신의 역량에 대해 객관적이고 성찰적인 태도를 유지한다. 그는 과도한 자리를 탐하지 않는다. 자신의 능력에 맞는 책임과 역할을 수행하며, 공익을 위한 봉사에 가치를 둔다. 또한 타인과의 관계 속에서 협력과 신뢰를 기반으로 공동체를 이끌어간다.

학교와 사회는 이처럼 권력 지향적 지도자가 아닌, 공감 기반 지도자를 양성해야 한다. 나아가 그런 지도자를 판별할 수 있는 안목 또한 기를 수 있어야 한다. 이는 교육과 훈련을 통해 발전시킬 수 있는 역량이다. 아울러 지도자가 공동체의 다양한 의견을 반영하고 조율하는 역할을 잘 수행할 수 있도록 제도적 장치를 마련하는 것도 중요하다. 특히 모든 사람을 평등하게 대우하는 문화 형성이 핵심 과제이다.

**건강한 리더십을 위한 사회의 과제**

건강한 리더십을 키우기 위해서는 교육뿐 아니라 사회 구조와 제도적 시스템 역시 필수적이다. 지도자가 자신의 자존감을 안정적으로 유지하며, 권력을 남용하지 않도록 제도와 문화가 뒷받침되어야 한다.

첫째, 민주적 리더십을 강화하는 제도를 정비해야 한다.

민주적 리더십은 개인의 자질만으로는 지속되기 어렵다. 영국의 역사학자이자 정치가인 액턴 경<sup>Lord Acton</sup>은 "절대 권력은 절대 부패한다"라는 명언을 남겼다.[16] 그러므로 수준 높은 리더십 교육뿐만 아니라, 권력 남용을 제어하고 민주적 운영을 보장할 수 있는 제도적 장치가 필수적이다.

지도자가 독단적 결정을 내리거나, 측근 중심의 폐쇄적 운영으로 사익을 추구하는 일을 방지하기 위해, 정책 결정 과정에 다양한 의견이 반영되는 절차를 강화해야 한다. 아울러 지도자에게 과도하게 집중된 권한 구조가 아닌지 점검하고 개선해야 한다.

우리나라는 민주화 이후에도 대통령에게 과도한 권한이 부여되어 있다는 비판을 받아왔다. 이는 헌법 개정의 필요성과도 맞닿아 있으며, 앞으로 국민적 논의와 합의를 통해 해결해가야 할 과제이다. 또한 정치권뿐 아니라 경제계 역시 '오너 경영'의 폐해를 반복하지 않도록 제도적 정비가 필요하다.

둘째, 공직자의 윤리적·민주적 자질을 평가하는 시스템을 강화해야 한다.

현재 고위 공직자에 대해서는 인사청문회가 시행되고 있으나, 정파적 대립으로 인해 제 기능을 발휘하지 못하는 경우가 많다. 윤리적 결함이 있는 인사라도 소속 정당의 인물이라는 이유로 무조건 옹호받는 사례가 빈번하고, 정책적 비전이나 리더십 역량은 제대로 검증되지 못하는 일이 반복된다.

특히 공직자에게 필수적인 민주적 자질과 시민과의 소통 능력에 대한 검증은 매우 부족하다. 이러한 분위기는 정치 영역을 넘어 사회 전반에 퍼져 있다. '일만 잘하면 도덕성은 상관없다'는 풍조, 혹은 '이길 수 있는 후보라면 인성과 자질은 묻지 않는다'는 식의 분위기는 전체 리더십 문화를 왜곡시킨다.

이러한 사회에서는 권위주의적 성향의 인물이 최고 권력의 자리에 오르기 쉽다. 따라서 고위 공직자 선발 시 헌법 수호 의지, 민주적 가치관, 소통 역량을 철저히 검증할 수 있는 구조가 필요하다.

셋째, 언론과 시민사회의 역할을 강화해야 한다.

12.3 비상계엄과 그 이후의 사태는 언론과 시민사회가 민주주의 유지에 얼마나 중요한지를 분명히 보여주었다. 우리는 지금 가짜 뉴스와 허위 정보가 범람하는 '탈진실post-truth'의 시대를 살아가고 있다.[17] 유튜브의 수익 구조, 확증편향, 알고리즘 필터 등은 여론을 왜곡시키는 데 영향을 미친다. 이에 대응하기 위해서는 시민들이 비판적으로 정보를 해석할 수 있도록 미디어 리터러시 교육을 강화해야 한다. 아울러 기존 언론뿐 아니라 SNS 등 정보 생산자에게 사회적 책임을 묻고, 허위 정보 유통을 억제할 수 있는 법적·제도적 장치 마련이 필요하다. 특히 극우·극

좌 유튜브 채널의 여론 왜곡을 막기 위해 최소한의 규제 장치를 마련할 필요가 있다.

시민사회의 역할도 중요하다. 한때 시민사회는 민주주의의 희망으로 간주되었다. 그러나 오늘날 시민사회조차 이념적 분열로 인해 갈등이 심화되고 있다. 서울 도심에서 벌어진 잇따른 탄핵 찬반 집회는 이러한 현실을 단적으로 보여준다. 이처럼 양극화된 대립은 참여에 대한 냉소를 불러일으키고, 공론장의 위축을 초래할 위험이 있다.

그러므로 맹목적 참여가 아닌, 숙의와 공감에 기반한 공론장이 형성될 수 있는 문화가 필요하다. 독일의 '보이텔스바흐 협약'처럼, 사회적 합의의 최소 원칙을 확립하려는 노력이 절실하다.

결론적으로 오늘날 한국 사회는 신뢰할 수 있는 지도자를 절실히 필요로 한다. 그러나 자존감이 낮고 자신감만 높은 지도자가 등장하면, 권력 유지를 위해 독선적 결정을 내리고 국민을 분열시키는 위험이 크다.

따라서 교육, 사회 시스템, 정치 구조 전반에서 건강한 리더십을 키울 수 있는 환경 조성이 필요하다. 자존감이 높은 지도자는 자신의 한계를 인정하고, 타인과 협력하며 공동체에 기여한다. 이런 지도자가 많아질수록 한국 사회는 더욱 성숙한 민주주의로 나아갈 수 있다.

## 라운드 테이블

1. 당신이 부모나 교육자라면, 자녀(또는 제자)를 '나의 연장선'이 아니라 '독립된 존재'로 인정하는 데 가장 어렵게 느끼는 점은 무엇이며, 그 이유는 무엇인가?

2. 당신은 지금까지 어떤 자율성과 실패의 경험을 통해 성장해 왔는가? 그리고 만약 미래 세대(자녀, 제자, 후배)에게 실패를 어떻게 받아들이고 극복하도록 안내하고 싶은가?

3. 당신은 협력과 경쟁 중 어느 쪽에 더 익숙하며, 그 이유는 무엇인가? 앞으로 균형 잡힌 태도를 위해 어떤 노력이 필요할지 구체적으로 적어 보자.

4. 당신이 생각하는 '공감적 리더'의 핵심 조건은 무엇인가? 그리고 자신은 그런 리더가 될 준비가 되어 있다고 생각하는가?

5. 자존감과 건강한 리더십이 잘 실현된 사회는 어떤 모습일까? 그 사회를 향해 나아가기 위해 실천할 수 있는 작은 행동이나 태도 변화는 무엇일지 동료들과 나누어 보자.

생각과 메모

5장

# 자존감 교육에서 유의할 점

 1부는 인간이 세상에 태어나 존재로서 처음 받아야 할 교육이 자존감 교육이라는 관점에서 출발하였다. 그러나 자존감 교육이 항상 긍정적인 결과만을 낳는 것은 아니다. 아무리 그 의도가 순수하더라도, 실천 과정에서 왜곡되거나 맥락에 따라 의도치 않은 부작용이 나타날 수 있다. 따라서 자존감 교육의 효과를 무비판적으로 신뢰하기보다, 그것이 어떤 방식으로 적용되고, 어떤 조건에서 유효하게 작동하는지를 면밀히 성찰할 필요가 있다. 다음에서는 자존감 교육의 주요 한계와 유의할 점을 네 가지 측면에서 살펴보고자 한다.

# 나르시시즘과 책임 회피로 흐를 가능성

자존감 교육은 인간의 심리적 안정과 사회적 적응에 필수적인 요소다. 그러나 주변 사람으로부터 "존재 자체로 소중하다"는 메시지를 받는 경험이 때로는 사회적 자아로 성장하는 데 걸림돌이 될 수 있다는 점 또한 유의해야 한다. 특히 '너는 특별하다', '네 감정이 언제나 중요하다'라는 식의 과도한 강조는 아동이 자기중심적인 세계관에 고착되는 결과를 초래할 수 있다. 이는 자기애적 성향, 즉 나르시시즘 narcissism으로 이어질 가능성을 내포한다.

또한 타자와의 비교를 지나치게 강조하는 경쟁 중심 사회에서는 자존감 교육의 취지가 왜곡될 위험이 더욱 크다. 능력주의가 강하게 작동하는 한국의 교육 환경에서는 자존감 교육이 외적 성과와 결합될 경우, 자기 평가 기준이 내면이 아닌 결과 중심으로 고정되기 쉽다. 이 경우 경쟁의 승자는 우월감을, 패자는 열등감과 분노를 내면화할 가능성이 커진다.[18]

우리는 사회적 존재로서 타인과 교류하고 타인을 모방하며 자아를 형성한다. 이러한 사회적 맥락과 균형을 이루지 못한 채, '존재의 소중함'만을 일방적으로 강조하는 양육 방식은, 현실 감각을 흐리게 하거나 자기합리화로 흐를 수 있다. 또한, 능력주의와 결합된 자존감은 타자의 고통에 무감각한 도덕적 무책임으로 나타날 수도 있다. 이는 자존감을 자기

만의 우월감으로 착각하게 만드는 또 다른 부작용이다.

특히 교육 현장에서 자존감을 단순히 '칭찬하기', '있는 그대로 인정하기' 수준으로 이해할 경우, 비판적 사고나 성숙한 관계 형성을 도외시할 위험이 있다. 그래서 어느 책 제목처럼, '칭찬은 칭찬답게, 꾸중은 꾸중답게' 이루어져야 하며, 자기를 소중히 여기는 태도와 함께 전인적 존재로서 책임 있게 행동할 수 있는 인격을 함께 길러야 한다.

결국 자존감 교육은 단순한 자기 수용에 머물러서는 안 된다. 실패와 비판을 받아들이는 용기, 자기 성찰과 책임의식을 함께 기를 수 있도록 설계되어야 한다.

## 자존감 교육과 청소년 건강 문제

자존감 교육은 전 세계적으로 개인의 정신 건강과 사회 적응력을 높이기 위한 핵심 전략 중 하나로 강조되어 왔다. 특히 북유럽 국가들-핀란드, 덴마크, 스웨덴, 노르웨이 등-은 유아기부터 아동의 감정과 자율성을 존중하는 방식으로 자존감을 기르는 교육을 체계화해 왔으며, 세계행복보고서 World Happiness Report 에서도 꾸준히 상위권을 차지하고 있다.

그러나 이러한 긍정적 이미지와는 달리, 이들 국가의 청소년들 사이에서는 우울감, 불안, 정서적 고립을 호소하는 사례가 적지 않다. '행복한 나라의 불행한 청소년'이라는 역설은 자존감 교육의 방식과 그 효과에 대해 다시 성찰하게 만든다.

그 원인은 단일하지 않다. 북유럽 특유의 긴 겨울과 어두운 기후는 정서적 우울을 유발할 수 있으며, 자율성과 개인 책임을 중시하는 교육 문화 속에서 청소년이 감정적 부담과 정체성의 혼란을 겪기도 한다. 또한 감정을 표현하는 데 비교적 자유로운 문화에서는 고통을 숨기기보다는 말하고 드러내는 경향이 높아, 통계적으로 우울·불안 지표가 더 높게 나타날 수도 있다. 결국, 외형적 행복 지표만으로는 청소년의 정서적 복지를 온전히 설명할 수 없으며, 자존감 교육 또한 문화적 맥락과 심리사회적 요인을 함께 고려할 필요가 있다.

한국 청소년들 역시 높은 수준의 정서적 고통과 우울감을 호소하고 있다.[19] 해당 조사에 따르면, 학생 청소년 10명 중 적어도 1명은 우울, 불안, 자살 위험성 등에서 경도 이상의 임상적 증상을 경험하고 있으며, 학교 밖 청소년의 경우 그 비율이 더욱 높아 10명 중 3명 이상이 유사한 수준의 증상을 겪고 있는 것으로 나타났다. 이는 부모나 보호자의 과도한 기대나 방치, 경쟁 중심의 학업 환경과 입시 압력, 그리고 대안적 삶의 기회 부족 등이 복합적으로 작용한 결과로 해석할 수 있다.

다만, 정서 표현과 정신 건강 상담에 대한 사회적 낙인이 여전히 강한 문화에서는 문제가 은폐되거나 축소되어 드러나는 경향이 있다는 점도 함께 고려되어야 한다. 그러므로 중요한 것은 실패와 부정적 감정을 있는 그대로 받아들이고, 이를 극복해 나가는 회복탄력성resilience을 기르는 일이다.

더불어 자존감은 타자와의 관계 속에서 길러지는 공동체적 감수성과 윤리적 책임 의식과 함께 다루어질 때에야 비로소 지속 가능한 정신적 건강과 연결될 수 있다. 아울러 학교 안팎의 위기 청소년을 위한 촘촘한 지원 시스템 역시 시급히 정비되어야 한다.

## 자존감의 확장으로서 공동체적 자아

 자존감은 자기 자신에 대한 긍정적인 감정과 태도에 머무르지 않고, 자신만큼이나 소중한 존재로서 타인을 존중하는 방향으로 건강하게 확장되고 발전해야 한다. 이러한 확장은 만남과 상호작용을 통해 자연스럽게, 혹은 교육적 의도를 통해 점진적으로 획득되어 가는 성장의 과정이다.
 이와 같은 자존감의 동심원적 확장 과정은 자기 가치의 인식을 넘어서 타인의 가치 또한 인정하는 윤리적 감수성과 연결된다. 공동체 속에서 자신의 목소리를 내면서도 타인의 목소리를 경청하고, 함께 살아가는 방식을 배워 나가는 것이 성숙한 자존감의 핵심적 표지다.
 그러나 경쟁과 평가 중심의 한국 사회에서는 이러한 공동체적 자아로의 자연스러운 확장이 심각하게 방해받고 있다. 초경쟁 사회에서는 자존감이 외적 성취에 의존하게 되고, 실패를 회피하거나 타인을 탓하는 식의 심리적 방어기제가 작동할 수 있다. 이러한 태도는 공동체 안에서의 책임감과 성숙한 시민성의 발달을 저해할 위험이 크다.

따라서 자존감 교육은 개인의 감정과 욕구를 존중하는 것을 넘어서, 타인의 입장을 고려하고 공동의 책임을 나누는 태도를 함께 기르는 방향으로 이루어져야 한다. 궁극적으로 자존감 교육은 '긍정적 자기 인식'이라는 심리적 측면에 국한되지 않고, 사회적 관계성, 문화적 맥락, 구조적 스트레스 요인까지 포괄하는 다차원적 접근으로 확장되어야 한다.

그렇지 않으면 자존감은 외면적으로는 긍정의 언어를 사용하지만, 내면에서는 고립과 불안을 심화시키는 또 다른 이상(理想)으로 작용할 위험이 있다.

## 자존감 교육과 평등·사회 정의의 연결

자존감 교육은 자기 자신에 대한 존재론적 긍정을 바탕으로 한다. 이는 대개 개인의 주관적인 감정과 인식의 영역에서 출발한다. 그러나 이러한 주관성은 사회가 자신을 어떻게 대하고 평가하는가, 즉 타자의 시선으로부터 결코 독립적으로 성립할 수 없다. 인간의 자아 의식은 타자와의 상호작용을 통해 끊임없이 상호주관적으로 구성되기 때문이다.

예컨대, 자신이 어떤 학교를 졸업했는지, 어떤 직업을 가졌는지를 이유로 차별을 경험한다면, 건강한 자존감을 형성하기는 매우 어렵다. 이런 점에서 사회 구성원들의 자존감을 높이는 일은 단지 심리적 교육만으로는 달성될 수 없다. 이는 필연적으로 평등, 공정, 정의와 같은 사회적 조건과 구조적 노력이 수반되어야 가능한 일이다.

3부에서 더 다루겠지만, 한 사회가 공고한 민주주의 체제로 발전하고, 시민 개개인이 존중받으며, 시민사회를 통해 자유롭게 의사를 표현하고, 경제적 민주화를 통해 직업적 안정성과 차별이 줄어드는 방향으로 나아갈 때에야 비로소 자존감은 개인의 내면을 넘어 사회 전체의 문화와 풍토로 자리 잡을 수 있다. 자존감 교육을 논의할 때, 이 점은 결코 간과되어서는 안 된다.

이처럼 자존감 교육은 단순히 개인의 감정을 달래고 자신감을 북돋우는 수준에 머물러서는 안 된다. 그것은 자기 수용에서 출발하되, 실패를 감당할 수 있는 내면의 힘을 기르고, 타자와 더불어 살아가는 감수성을 함양하며, 더 나아가 사회 구조 속 불평등과 차별을 성찰하게 하는 교육으로 확장되어야 한다. 자존감 교육이 진정으로 의미 있으려면, 그것은 한 인간의 심리적 회복을 넘어서 책임 있는 공동체의 일원으로 성장해 가는 길이어야 한다.

## 라운드 테이블

1. 당신은 "존재 자체로 소중하다"는 메시지를 들었거나 전한 경험이 있는가? 그 경험이 당신(혹은 상대방)에게 어떤 긍정적·부정적 영향을 주었는지 생각해 보자.

2. 당신은 어떤 상황에서 칭찬과 긍정적 피드백이 힘이 되었고, 어떤 상황에서는 오히려 부담이나 자기중심성을 키웠다고 느꼈는가? 그 경험을 바탕으로 건강한 자존감을 기르는 이상적인 피드백 방식에 대해 고민해 보자.

3. 실패 경험을 통해 배운 가장 중요한 교훈은 무엇인가? 그 경험을 청소년이나 후배에게 들려준다면 어떤 방식과 메시지로 전하고 싶은가?

4. 사회 구조(예: 학벌, 경제력, 지역, 성별에 따른 차별 등)가 당신의 자존감 형성에 어떤 영향을 미쳤는가? 그리고 앞으로 다음 세대가 건강한 자존감을 키우기 위해 사회가 어떻게 변화해야 한다고 생각하는가?

5. 자존감을 높이는 교육과 평등한 사회는 어떤 점에서 연결된다고 보는가? 당신이 속한 공동체(학교, 직장, 모임 등)에서 이를 실현하기 위해 지금 할 수 있는 실천을 동료들과 함께 나누어 보자.

## 생각과 메모

민주주의 위기 시대,

교육의
응답

자존감,
공감,
공화주의와
민주시민교육

2부

# 공감과 공감 교육

타인과 함께 살아가는 사회를 위한 배움

# 1장
# 공감의 생물학적 기반

 나는 살아오며 때때로 다른 사람의 마음을 잘 읽지 못한다는 지적을 받기도 했고, 공감 능력이 남다르다는 칭찬을 듣기도 했다. 돌이켜보면 타인의 마음을 느끼고 이해한다는 것은 여전히 쉽지 않은 일처럼 다가온다. 평생을 함께 살아온 아내나 자녀들의 마음조차 온전히 읽어내지 못할 때가 많다. 특히 아내와 나를 비교해 보면, 나의 공감 능력이 형편없이 부족하게 느껴질 때도 있다.

 공감을 주제로 공부하면서 "일반적으로 여성이 남성보다 쉽게 공감한다는 것이 학계의 정설"[1]이라는 문장을 접하고 나서야, 나만의 결함은 아니었구나 하고 위로를 받은 적도 있다. 인간 삶의 기초라 할 수 있는 공감 능력은 타고나는 동시에 끊임없이 학습해야 하는 것임을 새삼

깨닫는다. 그래서 나는 점점 더 타인에게 공감할 수 있는 사람으로 성장하기를 희망한다.

## 공감의 어원 및 관련 개념들

공감empathy은 인간이 타인과 더불어 살아가는 데 있어 가장 기본적인 능력이다. 인간은 태어나면서부터 타인과 끊임없는 상호작용 속에서 자신의 존재를 자각하게 된다. 이 과정에서 타인의 감정을 함께 느끼고, 생각을 이해하는 능력은 사회적 존재로 성장하는 데 필수적이다.

'공감'이라는 용어는 1872년 독일의 미학자 로베르트 피셔Robert Vischer가 미학 분야에서 사용한 독일어 Einfühlung(감정이입)에서 유래하였다. 이는 관찰자가 특정 대상이나 예술 작품을 감상할 때 자신의 감정을 그 대상에 투사하는 현상을 설명하는 개념이었다. 이후 독일 철학자 빌헬름 딜타이Wilhelm Dilthey는 이 개념을 확장하여 타인의 감정과 정신 과정을 이해하는 데 적용하였다. 딜타이에게 감정이입은 단순한 감상의 차원을 넘어, 타인의 입장이 되어 그 사람의 감정과 사고를 이해하는 것을 의미했다.

1909년 미국 심리학자 티치너E. B. Titchener는 Einfühlung을 영어로 'empathy'라는 말로 번역하여 소개하였다. 여기서 '-pathy'는 다른 사람이 겪는 고통이나 감정을 자신의 것처럼 느끼는 정서적 상태를 뜻한다. 이후 'empathic'(공감적인), 'empathize'(공감하다) 등의 파생어가 등장하였고, 'empathy'는 빈, 런던, 뉴욕 등의 대도시를 중심으로 심리학과 사회학 분야에서 핵심 개념으로 자리 잡았다.[2]

오늘날 공감은 단순히 타인의 감정을 이해하는 데 그치지 않고, 그 감정을 함께 느끼고 그에 반응하는 복합적 심리·사회적 과정으로 간주된다. 공감은 감정적 공감 affective empathy과 인지적 공감 cognitive empathy으로 크게 나뉜다. 감정적 공감은 타인의 감정을 직접적으로 느끼는 능력이고, 인지적 공감은 이를 논리적·이성적으로 이해하는 능력을 말한다.

공감과 관련된 개념들은 감정적, 인지적, 사회적 층위에서 다양하게 나타난다. 그중에서도 감정적 측면의 유사 개념들은 공감과 혼동되기 쉬워, 각각의 의미를 정확히 짚어볼 필요가 있다. 공감과 혼용되기 쉬운 감정적 유사 개념들을 <표 4>와 같이 정리하였다.

<표 4> 공감과 혼용되기 쉬운 감정적 유사 개념들

| 개념 | 한자 | 의미 설명 |
|---|---|---|
| 동감 | 同感 | 타인의 감정을 자신도 같이 느끼는 상태. 공감의 감정적 요소 중 하나. |
| 감응 | 感應 | 어떤 감정이나 자극에 정서적으로 반응하는 것. 영적·정서적 교류까지 포괄. |
| 동정 | 同情 | 타인의 고통이나 슬픔에 마음 아파하며 위로하는 정서적 반응. 일정한 심리적 거리 포함. |
| 연민 | 憐憫 | 상대의 처지를 불쌍히 여기고 도와주고자 하는 깊은 연정. |
| 공명 | 共鳴 | 감정이나 가치, 생각이 깊이 울려서 서로 반응하는 상태. 주로 예술·정서적 맥락에서 사용. |

이 중에서도 가장 빈번하게 혼용되는 용어가 공감과 동정이다. 공감은 종종 동정 sympathy과 혼용되지만, 분명히 구별되는 개념이다. 공감은 타인을 수동적으로 바라보는 데 그치지 않고, 그 경험을 함께 느끼고 이해하는 능동적 과정이다. 반면 동정은 고통을 인식하고 위로하려는 반응이지만, 공감과 달리 일정한 심리적 거리를 전제로 한다. 즉, 공감은 감정을 자신의 것으로 받아들여 반응하는 것이고, 동정은 일정한 거리를 둔 채 돕고자 하는 외부적 정서 반응이다.

## 동물의 공감 능력[3]

사람들은 흔히 인간만이 공감 능력을 지닌 동물이라고 생각한다. 그러나 여러 연구에서, 다른 동물들도 인간과 유사하게 다른 개체의 감정을 이해하고 반응하는 능력을 보인다는 사실이 확인되었다.

예를 들어, 생쥐는 동료가 고통을 당할 때 비슷한 고통을 느끼며, 동료가 갇혀 있을 때 문을 열어주는 행동을 보인다. 이러한 공감 능력은 개, 코끼리, 침팬지, 보노보와 같은 포유류뿐만 아니라, 까마귀와 앵무새 같은 조류에서도 나타난다.

동물들의 공감 능력은 종마다 차이가 있다. 예를 들어, 쥐, 말, 새 등은 동료의 불안을 보고 자신도 불안을 느끼는 감정적 전염 emotional contagion

수준의 반응을 보인다. 이것은 상대의 감정을 의식적으로 이해하지 않더라도 자동적으로 감정을 따라 느끼는 현상을 말한다. 이는 공감의 가장 기초적인 형태로 여겨진다. 반면, 침팬지나 보노보와 같은 유인원은 타인의 감정을 이해하고 위로하는 동정적 관심sympathetic concern을 느낀다. 이는 '동정sympathy'과 혼동되기 쉽지만, 정서적 반응과 행동 동기가 결합한 공감의 진화적 단계로 이해할 수 있다. 이들은 또한 타인의 감정을 파악한 뒤 전략적으로 반응하는 인지적 공감cognitive empathy 능력까지 지니고 있다. 이러한 구분은 인간 사회의 다양한 공감 형태를 이해하는 데도 유용하다.

이러한 공감 능력의 차이는 진화적 적응, 군집 생활 여부, 뇌 구조의 차이 등에 의해 결정된다. 공감 능력은 개체와 집단의 생존 능력을 높이는 데 중요한 역할을 한다. 예를 들어, 동료의 경고음을 듣고 같은 두려움을 느끼며 도망치는 것은 생존에 유리하다. 또한, 새끼를 함께 돌보고 보호하는 번식과 육아, 무리 생활 속 사회적 유대 강화 역시 공감 능력을 요구한다. 따라서 호랑이나 독수리처럼 단독 생활을 하는 동물보다 협력이 필수적인 무리 생활을 하는 동물의 공감 능력이 훨씬 더 발달한다. 이는 공감이 단순한 감정의 교류가 아니라, 협력과 공동체 유지의 진화적 기제로 작동함을 보여준다.

인간과 유사한 거울 신경세포mirror neurons를 지닌 동물들은 다른 개체의 감정을 읽고 반응하는 능력이 더욱 뛰어나다. 사실, 거울 신경세포의 존재가 처음 실험적으로 확인된 대상도 마카크원숭이라 불리는 유인원이었다. 거울 신경세포는 1990년대 초반, 이탈리아 파르마대학교University of Parma의 신경과학자 자코모 리촐라티Giacomo Rizzolatti 연구팀이 마카크원숭이를 대상으로 연구하던 중 발견되었다. 연구팀은 원숭이가 직접 행동을 할 때뿐만 아니라, 다른 원숭이나 인간이 같은 행동을 하는 것을 볼 때도 특정 뉴런이 활성화된다는 사실을 확인했다.

예를 들어, 원숭이가 손을 뻗어 물건을 잡을 때 활성화되는 뉴런이, 다른 개체가 같은 행동을 할 때도 활성화되었다. 연구팀은 이를 '거울 신경세포'라고 명명하였다. 이후 연구가 진행되면서 거울 신경세포는 침팬지, 보노보, 개, 코끼리, 돌고래 등에서도 발견되었다.

거울 신경세포는 공감, 학습, 모방, 사회적 상호작용에 중요한 역할을 하며, 특히 인간에게서는 언어 학습, 감정이입, 사회적 관계 형성과 깊이 관련되어 있다. 따라서 거울 신경세포는 단순한 생리적 반응을 넘어, 사회적 학습과 공감 능력을 진화시키는 핵심적인 메커니즘으로 작용한다.

한편, 동물의 공감 능력과 관련해 주목할 만한 점은 같은 무리에 속한 개체에게 더 강한 공감 반응을 보인다는 사실이다. 예를 들어, 생쥐는 같은 우리에서 함께 사는 생쥐가 고통을 당할 때는 공감을 표시하지만, 낯선 생쥐가 고통을 당할 때에는 공감을 거의 보이지 않는다. 이는 인간 사회에서도 내집단 in-group에 대해서는 공감이 쉽게 작동하지만, 외집단 out-group에 대해서는 무관심하거나 심지어 적대적으로 반응할 수 있음을 시사한다.

# 인간의 생득적 공감 능력

　인간은 태어날 때부터 타인의 감정을 함께 느끼고 이해하는 공감 능력을 어느 정도 갖추고 있다. 진화생물학자이자 영장류 연구자인 프란스 드 발$^{Frans\ de\ Waal}$은 영장류와 기타 포유류의 공감 메커니즘을 정리하면서, 공감의 포괄적 구조를 설명하기 위해서 '러시아 인형 모델$^{Russian\ doll\ model}$'을 제시하였다.[4)]

　이 모델은 공감 능력이 마치 인형 속에 또 다른 인형이 들어 있는 러시아 인형처럼, 단순한 반응에서 점차 복잡한 반응으로 확장되는 층위 구조로 되어 있음을 시각적으로 보여준다. 인형 구조의 가장 안쪽에는 '지각-행동 메커니즘$^{Perception\text{-}Action\ Mechanism,\ PAM}$'에 따른 감정 전염$^{emotional\ contagion}$이 자리한다. 지각-행동 메커니즘은 타인의 감정이나 행동을 지각할 때, 자신도 유사한 감정이나 행동을 자동으로 활성화하는 신경학적 연결 체계이다.

　인형의 바깥층으로 갈수록 사전 우려$^{preconcern}$, 동정적 관심$^{sympathetic\ concern}$, 목표 지향적 도움$^{targeted\ helping}$이 순차적으로 자리 잡는다. 공감의 복잡성은 자아-타아 구별$^{self\text{-}other\ distinction}$과 관점 취하기$^{perspective\text{-}taking}$ 능력이 향상될수록 증가한다. 드 발은 인형의 바깥층이 학습과 전전두엽 기능에 영향을 받더라도, 본질적으로는 안쪽 중심부와 긴밀히 연결되어 있다고 본다. 동물들은 이러한 공감의 층위 중 일부만을 보여주지만, 인간은 모든 층위의 공감 반응을 행동으로 나타낼 수 있다.

첫째, 인간이 태어날 때부터 갖추고 있는 공감 능력에는 신경생물학적 기제가 주요하게 작용한다. 가장 원초적인 형태는 감정 전염이다. 신생아가 다른 아기의 울음을 듣고 따라 우는 현상이나, 타인의 표정을 무의식적으로 모방하는 반응이 이에 해당한다. 이는 인간뿐 아니라 여러 동물에서도 나타나는 선천적인 반응이다. 이는 거울 신경세포 시스템과 지각-행동 메커니즘에 기반한다.

둘째, 타인의 감정을 감지하고 반응하려는 경향인 사전 우려가 있다. 1세 무렵 유아가 또래가 울 때 불편한 표정을 짓거나 다가가는 행동이 그 예이다. 감정 전염보다는 한 단계 더 나아간 반응이지만, 여전히 본능적 반응에 가깝다. 생득적인 요소가 강하나, 이 단계부터 환경적 요인도 개입하기 시작한다.

발달심리학에 따르면, 유아기에는 감정 전염과 사전 우려 같은 기본적 공감 능력이 주로 나타나며, 아동기 후반부터는 자아-타아 구별과 관점 취하기 능력이 본격적으로 발달하면서 고차원적 공감이 형성된다.

셋째, 동정적 관심은 타인의 감정을 인식하고 공감적으로 반응하는 단계이다. 예를 들어, 어린아이가 친구가 울 때 함께 울지는 않지만, 위로하려는 행동을 보이는 경우가 이에 해당한다. 이 시기에는 자아-타아 구별이 점차 이루어지며, 공감이 본능적 반응에서 사회적 감정으로 발전한다. 선천적 기제가 작용하지만, 부모의 양육 태도, 애착 관계, 사회적 경험 등 환경적 영향이 커지는 시점이다.

넷째, 목표 지향적 도움은 타인의 필요를 고려하여 맞춤형 도움을 제공하는 단계이다. 예를 들어, 친구가 다쳤을 때 '약을 발라주거나 병원에

가야겠다'고 판단하고 행동하는 경우가 이에 해당한다. 이 단계에서는 관점 취하기 능력이 요구된다. 즉, 감정 공유를 넘어 타인의 입장에서 생각하고 판단하는 능력이 필요하다. 이 시점부터는 전전두엽의 성숙과 사회적 환경, 교육이 중요한 역할을 한다.

러시아 인형 모델은 본능적 공감에 해당하는 중심부와 학습된 공감에 해당하는 바깥층이 서로 긴밀하게 연결되어 있음을 보여준다. 이처럼 인간의 공감 능력은 생득적 기제와 환경적 요인의 상호작용을 통해 발전한다. 말하자면, 감정 전염 같은 본능적 반응은 선천적으로 존재하지만, 도덕적 공감이나 사회적 연대와 같은 고차원 공감은 학습과 경험을 통해 확장된다. 부모와의 애착, 문화적 경험, 교육은 이러한 확장을 촉진하는 핵심 요인이다. 특히 학습과 사회적 경험을 통해 확장되는 공감은 도덕적 판단, 타자에 대한 책임감, 사회적 연대의 기반이 되며, 공감 교육의 핵심 영역으로 주목받고 있다.

정리하자면, 감정 전염과 사전 우려는 신경생물학적 기제에 기반한 생득적 공감 반응이다. 동정적 관심은 생득성과 환경 요인이 함께 작용하는 단계로, 자아-타아 구별이 시작되며 사회적 경험이 큰 영향을 미친다. 목표 지향적 도움은 관점 취하기 능력을 바탕으로 도덕적 가치관과 문화적 환경에 의해 결정된다. 즉, 인간의 공감 능력은 기본적인 감정 전염에서 출발하여 점차 인지적, 사회적, 도덕적 차원으로 확장되는 구조를 가진다. 초기 단계는 생득성이 강하지만, 고차원 공감은 학습과 사회적 경험이 결정적인 역할을 한다.

<표 5> 공감 능력의 층위별 단계 정리

| 공감 층위 | 영문 용어 | 핵심 특성 | 기제 유형 | 예시 |
|---|---|---|---|---|
| 감정 전염 | Emotional Contagion | 타인의 감정을 무의식적으로 따라함 | 생득적, 신경생물학적 | 아기 울음에 다른 아기가 따라 우는 현상 |
| 사전 관심 | Preconcern | 타인의 불편에 대한 감지 및 불편한 정서 반응 | 생득적 중심, 환경 요인 일부 | 또래가 울 때 다가가거나 표정이 어두워지는 유아의 반응 |
| 동정적 관심 | Sympathetic Concern | 타인의 감정을 인식하고 정서적으로 반응함 | 생득+환경 요인의 상호작용 | 친구가 울 때 함께 울지는 않지만 위로하려고 하는 행동 |
| 목표 지향적 도움 | Targeted Helping | 타인의 필요를 파악해 구체적으로 도와줌 | 인지적, 사회적, 도덕적 학습 요인 | 친구가 다쳤을 때 약을 발라주거나 병원에 가자고 제안하는 행동 |

## 라운드 테이블

1. 인간은 기본적으로 공감 능력을 타고난다고 하지만, 환경과 학습을 통해 더 발전할 수 있다. 당신이 성장하면서 공감 능력이 발달하도록 영향을 준 경험이나 환경은 무엇이었는가?

2. 공감은 단순히 '동정'이 아니라 타인의 감정을 자기 감정처럼 느끼고 반응하는 능동적 과정이다. 당신은 일상에서 공감과 동정을 어떻게 구분하며 실천하고 있는가?

3. '감정 전염'은 기본적 공감의 한 형태다. 다른 사람의 감정이 당신에게 전염되어 함께 울거나 웃었던 경험이 있다면 그 상황과 느낀 점을 구체적으로 서술해 보자.

4. 프란스 드 발의 '러시아 인형 모델'에 따르면 고차원적 공감은 환경적 요인의 영향을 많이 받는다. 당신은 최근에 타인의 필요를 구체적으로 파악하고 도운 경험이 있는가? 그때 어떤 감정을 느꼈는지 돌아보자.

5. 공감 능력을 더 키우고 싶다면 개인의 의지와 함께 사회·문화적 환경도 중요하다. 앞으로 당신이 공감 능력을 기르기 위해 실천하고 싶은 바를 동료들과 함께 나누어 보자.

## 생각과 메모

2장

# 인간 공감 능력의 사회적 차원

 나는 종종 절친이 없다고 느낄 때가 있다. 아파서 장기 일부를 달라고 하면, 진지하게 고민할 수 있을 정도가 되어야 비로소 절친이라고 생각하기 때문이다. 너무 엄격한 기준일까?

 그런데 인류학자 로빈 던바Robin Dunbar는 일주일에 한 번 정도 연락을 주고받는 사이라면 절친으로 본다. 그리고 인간의 뇌 용량상 그런 절친은 다섯 명을 넘기기 어렵다고 말한다. 친한 친구가 몇 명쯤 있는지는 개인의 성향과 선택의 문제 같지만, 실제로는 인간의 생물학적 구조에 의해 일정 부분 한계 지워진다는 것이다.

 하지만 '우리', 혹은 '우리 편'이라고 인식하는 사람의 수는 단순한 생물학적 제약을 넘어, 문화와 상상력의 작용에 더 가깝다. 어쩌면 인류의 역사는 '우리'의 범위를 조금씩 넓혀 온 과정이었는지도 모른다. 그럼에도 불구하고 오늘날처럼 지구촌 전체가 협력해야 하는 시대에, 우리는 여전히 이 지점에서 석기 시대의 본능, 혹은 사춘기의 감정 상태를 완전히 벗어나지 못하고 있는 것은 아닐까?

## 던바의 수[5]

던바의 수 Dunbar's Number는 영국의 인류학자이자 심리학자인 로빈 던바가 제안한 개념이다. 그는 인간의 뇌 크기, 특히 신피질의 크기와 사회적 집단의 크기 사이의 상관관계를 연구하였다. 그는 이 연구를 바탕으로, 인간이 신뢰를 기반으로 의미 있고 안정적인 사회적 관계를 유지할 수 있는 최대 인원이 대략 150명이라고 1990년대 초에 주장하였다.

던바에 따르면, 인간의 사회적 관계는 여러 층위로 구성되며, 각 층위마다 인원 수가 다르다. 가장 가까운 관계는 3~5명, 깊은 신뢰를 가진 친구 그룹은 15명, 자주 교류하는 친구 그룹은 50명, 의미 있는 관계를 유지할 수 있는 최대 그룹(던바의 수)은 150명, 안면이 있는 지인 그룹은 500명, 이름을 알고 인식할 수 있는 최대 인원은 1,500명 정도라고 한다. 그는 이 단계별 구성원 수의 패턴이 대략 3의 배수에 해당한다고 보았다.

그리고 다음과 같은 흥미로운 비유를 덧붙이기도 했다.

> 노아는 홍수에 대비해 지상의 모든 동물을 암수 한 쌍, 즉 두 마리씩 데려와 방주에 태웠다. 상황을 고려해 볼 때 번식을 염두에 두고 내린 결정이었다는 것은 의심의 여지가 없다. 하지만 노아가 사회적인 면을 고려해 결정을 내렸다면 아마 둘이 아니라 셋씩 방주에 태웠을 것이다. 인간의 사회구조가 3의 배수를 기본 골격으로 한다는 사실을 암시하는 최근의 연구가 이러한 주장을 뒷받침한다.[6]

던바는 종별 생활 집단의 크기가 해당 영장류의 뇌 크기, 더 구체적으로는 대뇌 신피질의 크기와 밀접한 관련이 있다고 보았다. 인간이 고차원적인 정신 활동을 할 수 있는 것은 약 10만 킬로미터에 달하는 신경망으로 이루어진 대뇌 신피질 덕분이며, 이 신경망의 크기에 따라 유지할 수 있는 인간관계의 폭이 결정된다고 설명하였다.

그의 주장은 다양한 인류학적 증거에 의해 뒷받침된다. 예를 들어, 신석기 시대의 메소포타미아 촌락에는 던바가 주장한 것과 유사한 규모의 거주민들이 모여 살았다. 『공감의 진화』에 따르면, 문화인류학자 존 오츠John Oates는 당시 촌락의 인구를 150~200명 정도로 추정했다.[7]

던바가 주장한 150명이라는 숫자는 오늘날 사회에서도 다양한 방식으로 확인된다. 군대 조직에서는 기본 단위를 약 150명 규모로 편성하는 경우가 많고, 과학 분야의 연구 집단도 대개 200명 내외로 구성된다. 일상생활에서도 이 숫자는 낯설지 않다. SNS가 발달한 현대 사회에서도 던바는 깊이 있는 관계를 유지할 수 있는 최대 인원이 약 150명이라고 보았다. 디지털 환경에서는 훨씬 더 많은 사람들과 연결될 수 있지만, 진정한 관계를 맺고 유지할 수 있는 인원은 여전히 제한적이라는 것이다.

'던바의 수'는 이처럼 인간의 사회적 관계를 이해하는 데 있어 핵심 개념으로 자리 잡았으며, 조직 구조, 네트워크 이론, 심리학, 사회학 등 다양한 분야에서 폭넓게 활용되고 있다.

## 공감의 역설

앞에서 언급했듯이, 던바의 수는 인간의 뇌 크기와 사회적 관계망의 한계를 설명하는 개념으로, 대략 150명 정도가 의미 있는 인간관계를 유지할 수 있는 범위라는 이론이다. 이 숫자는 인류가 수렵·채집 시대에 형성했던 집단 크기와 유사하며, 인간은 오랫동안 이 정도 규모의 집단을 내집단(우리, in-group)으로 인식하며 살아왔다.

이러한 생물학적 한계는 공감의 작동 방식에도 영향을 미쳤다. 인간의 공감은 주로 가족, 친구, 친족 등 가까운 사회적 관계 안에서 강하게 나타났다. 소규모 공동체에서는 이러한 공감의 편향성이 크게 문제가 되지 않았다. 그러나 시간이 흐르면서 인류는 점점 더 대규모 사회를 형성하게 되었고, 오늘날에는 국가와 글로벌 사회까지 포함하는 거대한 공동체의 일원으로 살아가게 된 시대에 이르렀다.

문제는 인간 사회의 규모와 복잡성이 기하급수적으로 증가했지만, 인간의 뇌 크기는 같은 속도로 증가하지 않았다는 점이다. 즉, 던바의 수라는 생물학적으로 형성할 수 있는 친밀한 관계의 범위는 본질적으로 150명 수준에 머물러 있지만, 현대 사회는 수백만 명, 수억 명이 함께 살아가는 복잡한 체계를 요구한다.

이러한 불일치가 바로 '공감의 역설paradox of empathy'을 초래한다. 공감의 역설은 인간이 본능적으로 우리 집단이라고 생각하는 소규모 내집단에는 강하게 공감하지만, 타자라고 여기는 외집단에는 무관심하거나 배타적으로 반응하는 현상을 의미한다.[8]

인류학적 관점에서 보면, 인간의 사회적 관계망이 엄청나게 복잡해진 현대 사회는 인간의 본능적 공감 방식과 지속적인 불일치를 빚고 있다. 이러한 공감의 편향성은 차별과 갈등을 초래하며, 극단적인 경우 역사적으로 타자에 대한 폭력과 집단 학살로도 이어졌다. 인간 사회는 '우리'와 '타자'를 구별하며, 타자에게 잔혹한 폭력을 행사해왔다. 대표적인 사례는 다음과 같다.[9]

- **식민 지배와 원주민 학살**: 아메리카 대륙과 호주 등에서 유럽 식민 세력은 원주민을 '미개한 타자'로 규정하며 그들의 토지를 빼앗고 조직적인 학살을 감행했다. 미국에서는 서부 개척 과정에서 원주민과의 전쟁과 강제 이주가 반복되었고, 호주에서는 '도둑맞은 세대Stolen Generations'로 불리는 강제 동화 정책이 시행되었다. 이러한 식민주의적 폭력은 수백만 명의 원주민을 희생시켰으며, 그 후유증은 오늘날까지도 이어지고 있다.

- **나치 독일의 유대인 학살**: 나치 독일은 유대인을 독일 사회의 '타자'로 규정하며 체계적인 박해와 학살을 감행했다. 1930~40년대 동안 반유대주의 선전을

통해 유대인을 비인간화한 뒤, 강제수용소와 가스실을 이용한 조직적인 집단 학살을 실행했다. 그 결과 약 600만 명의 유대인이 희생되었으며, 이는 인류 역사상 가장 체계적이고 잔혹한 제노사이드 genocide로 평가된다.

- **유고슬라비아 내전**: 1990년대 유고슬라비아 해체 과정에서 민족과 종교 간 갈등이 격화되었고, 세르비아계 지도자들은 보스니아계 무슬림과 크로아티아인을 '타자'로 규정하며 학살을 자행했다. 특히 1995년 스레브레니차 학살에서는 세르비아군이 8,000명 이상의 보스니아계 남성을 집단 살해해 국제사회에 큰 충격을 주었다. 이 내전은 민족주의와 종교적 배타성이 결합된 대표적인 현대 집단 학살 사례로 남았다.

- **르완다 대학살**: 1994년 르완다에서는 후투족 정부가 투치족을 '적'이자 '타자'로 규정하며 대규모 학살을 조장했다. 라디오 방송과 선전물을 통해 투치족을 '바퀴벌레'로 묘사하며 혐오를 부추겼고, 약 50만~80만 명의 투치족과 온건 후투족이 잔혹하게 살해되었다. 이는 국가 주도 아래 이루어진 가장 잔혹한 인종 청소 중 하나로 기록된다.

이러한 사례들은 공감이 내집단에만 집중될 때 외집단을 비인간화 dehumanization하여 대하게 되는 현상을 잘 보여준다. 타자를 '우리와 같은 인간'으로 보지 않게 되면, 공감은 사라지고 극단적인 폭력까지도 정당화될 수 있다.

이러한 집단 폭력을 불러오는 공감의 역설은 단지 개인적 심리의 문제가 아니라, 교육, 정치, 미디어 등을 통해 사회적으로 강화되고 재생산되기도 한다. 특히 공교육과 대중 담론 속에서 '우리'의 정의가 어떻게 형성되고, '타자'는 어떤 방식으로 거리 두기 되는지를 성찰하는 일은 민주적 공감 능력을 기르는 데 핵심 과제가 된다.

이러한 집단 폭력을 불러오는 공감의 역설을 비유적으로 표현하자면, 우리의 뇌와 관계 맺기 방식은 여전히 '석기 시대'에 머물러 있다. 하지만 우리는 80억 명이 함께 살아가는 현대 사회에 적응해야 하는 상황에 놓여 있다. 우리는 석기 시대의 뇌로 80억 인류 사회를 살아가고 있다. 이것이 바로 공감의 역설이다. 그렇다면 우리는 어떻게 이 공감의 편향을 넘어설 수 있을까?

## 공감의 진화

인간 뇌의 크기는 수만 년 전 수렵채집 시대와 비교해도 크게 달라지지 않았다. 적어도 뇌의 물리적 용량 측면에서 볼 때, 인간이 '우리'라는 범주에 넣어 우호적인 관계를 맺을 수 있는 사람의 수는 그 시대의 집단 크기를 크게 넘어서기 어렵다. 그 크기는 앞서 던바가 주장했던 150명 내외에 해당한다.

그러나 문명과 기술이 발달하면서 인간 집단의 크기는 계속 확대되었다. 약 1만 2,000년 전 농업 혁명이 일어나자, 사람들이 모여 사는 도시의 규모는 수천, 수만 명에 이르렀고, 군대의 규모도 수천 명을 넘기기 시작했다. 그렇다면 인류는 어떻게 자신의 뇌 용량을 넘는 집단을 조직하고 유지할 수 있게 되었을까?

여기에는 스토리텔링을 통해 '상상의 공동체'를 만들어내는 인간의 능력이 중요한 역할을 하였다. 세상을 창조하고 질서를 부여하는 다양한 신들의 이야기, 신비로운 탄생 설화를 기반으로 한 왕과 귀족 가문 이야기, 전쟁에서 극적 승리를 이끈 영웅의 전설 등이 대표적이다. 이러한 이야기들은 공유된 신념과 역사를 전파함으로써 인간 집단의 규모를 확장하는 데 결정적인 기여를 했다.

문자의 발명과 인쇄술의 등장은 이러한 스토리텔링의 확산을 더욱 가속화했고, 거대한 집단을 형성할 수 있는 기반이 되었다. 사상의 발달과 함께 만국의 노동자들에게 단결을 촉구하거나, 인권과 민주주의의 보편성을 주장하는 이데올로기들이 등장하면서 국경을 넘는 더 큰 연대도 가능해졌다.

이처럼 인류는 이야기를 통해 상호 소통의 의미망을 구축하고, 이를 전파함으로써 스포츠, 기업, 노동조합, 국가, 민족과 같은 개념을 만들어내며, '우리'의 범주를 엄청난 규모로 확장해 왔다. 예를 들어, 19세기 중반 이전까지만 해도 독일 지역에는 39개의 독립된 국가가 존재했고, 더 과거로 거슬러 올라가면 더 작은 소국들로 복잡하게 분열되어 있었다.[10] 이탈리아 역시 사르데냐 왕국, 교황령, 나폴리 왕국(양시칠리아 왕국), 토스카나 대공국, 롬바르디아-베네치아 왕국 등으로 나뉘어 있었다.[11] 그러나 민족주의 운동이 더 큰 서사를 제공하면서, 이러한 작은 국가들을 하나의 공동체로 묶는 역할을 하게 되었다.

공통의 이야기와 믿음을 바탕으로 결속된 집단의 가장 대표적인 사례는 종교 공동체이다. 2020년 기준, 전 세계에서 가장 많은 신도 수를 지닌 종교는 기독교로 약 25억 명(가톨릭, 개신교, 정교회 등 포함)에 달하며, 이슬

람교는 약 19억 명, 힌두교는 약 11억 명 수준으로 나타났다.[12] 흥미로운 점은, 이렇게 대규모 집단의 유대를 형성하는 데 가장 빈번하게 사용되는 은유가 '가족'이라는 것이다. 예를 들어, 현대 사회에서 개인에게 가장 큰 영향을 미치는 집단은 국가이며, 그것은 유사 가족으로 구성된 상상의 공동체이다. 국가 안에서 사람들은 한 번도 만나본 적 없는 이들과 관계를 맺으며 살아간다. 그들의 이름조차 알지 못하지만, 국민은 서로를 같은 공동체의 일원으로 인식하고, 역사와 문화, 공유된 신념을 통해 유대를 형성한다. 국가라는 개념은 이미 고인이 된 선조들과의 연결뿐만 아니라, 아직 태어나지 않은 후손들과도 관계를 맺고 있다는 점에서 전통적인 가족 개념과 유사하다.[13] 실제로, 국가뿐만 아니라 대부분의 집단은 '가족' 혹은 '유사가족' 개념을 정체성 유지와 전파의 수단으로 활용한다. 이 점에서 보자면, 아무리 규모가 크다 해도 인간이 만든 집단은 본질적으로 수렵채집 시대의 친밀한 집단이 상상적으로 확장된 형태라고도 볼 수 있다.

문제는 이러한 가족 혹은 유사 가족 은유가 오늘날 인류가 함께 해결해야 할 지구촌 차원으로까지 충분히 확장되지 못하고 있다는 점이다. 물론, 사람들은 '지구촌 가족'이라는 표현을 일상적으로 사용하기도 한다. 그러나 인구 문제, 자원 문제, 빈곤 문제, 기후 위기, 난민 문제 등 인류 전체가 협력해야 하는 수많은 과제가 있음에도 불구하고, 공감 능력은 이러한 문제를 해결할 만큼 충분히 진화하지 못하고 있다.

지구촌 차원의 협력은 여전히 실현되기 어렵고, 국가와 민족이라는 거대 공동체들은 상호 경쟁하며, 때로는 전쟁도 불사하면서 오히려 갈등을 키우는 경향이 있다. 또한, 견고해 보이는 국가나 민족 내부에도 다양한 차이가 존재하며, 이러한 요소들이 사회·정치적 혼란으로 이어질 위험성을 내포하고 있다. 이러한 현실 속에서 오늘날의 인류는 과거와 비교할 수 없는 다층적 공감 능력을 요구받는 시대를 살고 있다.

특히, 디지털 기술과 글로벌 네트워크는 공감 확장을 위한 새로운 기회를 제공하고 있지만, 반대로 알고리즘과 필터 버블 filter bubble [14] 현상으로 인해 공감이 오히려 제한될 위험성도 존재한다. 따라서 교육 시스템의 변화, 초국가적 협력의 강화, 보다 적극적인 윤리적 사고의 확산이 공감의 진화를 위한 핵심 과제가 될 것이다.

## 라운드 테이블

1. 당신이 속한 '우리'의 범위는 어디까지인가? 가족, 친구, 지역사회, 국가, 인류 전체까지 단계별로 적어 보고, 각 범위에서 느끼는 공감의 정도를 비교해 보자.

2. 던바의 수 이론에 따르면, 진정한 친구는 극히 소수라고 한다. 당신이 생각하는 '진정한 친구'란 어떤 사람이며, 지금 당신의 삶에 그런 친구가 있는가?

3. 공감의 역설에 따라 우리는 종종 '우리'에게만 공감하고 '타자'를 배제한다. 최근에 타자에게 공감하지 못했던 경험이 있다면 그 상황을 떠올리고, 그때 다른 선택을 할 수 있었다면 어떻게 했을지 돌아보자.

4. 당신이 소속감을 느끼는 공동체(예: 국가, 종교, 스포츠 팀 등)가 당신의 공감 능력과 시야 확장에 어떤 영향을 주었는지 구체적으로 적어 보자.

5. 공감 능력을 더 넓히고자 할 때, 당신이 실천할 수 있는 구체적인 행동들을 정리하고, 그 실천이 당신의 일상과 관계에 어떤 변화를 가져올지 예상해 보자.

생각과 메모

# 3장
# 한국 사회와 공감의 역설

    한국 사회의 여러 구조와 관행은 공감의 결여, 더 정확히 말하자면 내집단에는 과도하게 공감하고 외집단에는 공감하지 못하는 공감의 역설이 나타나기 쉬운 조건을 만들어낸다. 가족주의, 연고주의, 지역주의, 눈치문화, 능력주의 등이 그 대표적인 사례다.

    나는 과연 이런 사회적 조건들로부터 얼마나 자유로울까? 솔직히 말해, 자신 있게 "그렇다"고 말할 수 있는 것은 지역주의 하나뿐인 것 같다. 마산에서 태어나 중학교 3학년 때부터 서울에서 학교를 다녔고, 그곳에서 20년 가까이 생활했다. 이후 청주에 정착해 직장을 잡은 지도 어느덧 30년 가까운 시간이 흘렀다.

현대인은 대부분 '유목민'처럼 살아간다. 고향이나 연고지에 묶이지 않고 삶의 터전을 옮겨가며 살아간다. 그렇다면 우리가 이제부터 살펴볼 한국 문화의 여러 문제도 언젠가는 '옛날이야기'가 되는 날이 오지 않을까?

## 가족주의

1965년 최재석은 『한국인의 사회적 성격』이란 책을 출간했다. 여기서 그는 가족주의, 감투지향의식, 상하서열의식, 친소구분의식, 공동체지향의식의 다섯 가지를 한국인들이 공유하는 사회적 성격으로 들었다. 1950~60년대와 비교했을 때, 현재 한국 사회는 상당한 변화를 겪었다.

따라서 이러한 요소 중 일부는 그대로 유지되고, 일부는 변형되거나 약화되었다. 표현 방식은 달라졌지만, 핵심 가치로서의 가족 중심성은 여전히 강하게 작동하고 있다.

최재석은 가족주의를 다음과 같이 정의하였다. ① 사회의 기본 단위는 집(家)이며, ② 이 집은 어떠한 사회집단보다 중시되며, ③ 일개인(一個人)은 이 집에서 독립하지 못하고, ④ 집안의 인간관계도 자유롭고 평등한 것이 아니라 언제나 상하의 신분과 서열에 의하여 이루어지며, ⑤ 이러한 인간관계는 가족 내부에만 그치지 않고 외부 사회까지 확대된다고

보았다. 그는 이러한 사회의 조직 형태를 '가족주의'라 부르고자 한다고 잠정적으로 정의하였다.[15]

핵가족화, 자녀 수 감소, 개인주의 등으로 인해 최재석이 묘사한 가족주의의 모습 중 많은 부분은 변화하였다. 예를 들어, 가정 내 인간관계는 과거보다 훨씬 수평적으로 변화하였고, 혈족, 종친, 가문을 중시하는 풍속도 크게 약화되었다. 또한, 압축적 개인화로 인해 요즘 젊은 세대는 결혼하지 않고 독립해 사는 경우가 늘어났으며, 결혼하더라도 자녀 없이 둘만의 삶을 추구하는 문화가 확산되고 있다.

이처럼 가족의 형태가 급격하게 변화하고 있지만, 가족 내 유대는 여전히 강하며, 부모와 자녀 간의 의존성도 쉽게 약화되지 않고 있다. 결혼과 출산율이 급감했음에도, 자녀 교육에 대한 부모 세대의 기대는 크게 변하지 않았다. 자녀 수가 줄어들면서 자녀 교육에 대한 부모의 집착은 오히려 더 커지는 양상이다. 이것은 때로 아동 학대에 대한 논쟁까지 불러일으키는 조기 교육과 천문학적 사교육비로 나타나고 있다.

이러한 가족중심주의는 많은 사람이 시청하는 드라마의 단골 주제이기도 하다. 많은 드라마가 혈연관계를 중시하는 가족주의를 반영하며, 출생의 비밀을 주요 소재로 삼는다. 『스카이 캐슬』과 같이 명문대 입시를 둘러싼 부모의 과도한 욕망을 다룬 드라마도 여전히 높은 인기를 끌고 있다.

이렇게 한국 사회에서 가족은 가장 중요한 사회적 단위로 기능한다. 물론, 압축 성장과 함께 개인주의 역시 빠르게 진행되어, 한편에서는 가족의 해체를 둘러싼 논의도 활발히 이루어지고 있다.[16]

그러나 오늘날 청년층이 결혼을 기피하고 1인 가구가 급증했음에도,

가족과 분리된 삶을 살면서조차 가족관계는 여전히 사회관계나 정신세계의 중심축으로 작용한다. 사회학자 김동춘은 한국의 20세기를 돌아보며, 독립적 자아와 인격적 독자성을 지닌 개인이 탄생했는지 의문이라며, 가족이라는 공동체의 일원으로 전제된 상태에서 비로소 개인성도 인정되는 존재, 즉 '가족 개인'이 등장했다고 진단한다.[17]

그에 따르면 한국에서의 개인주의조차도 여전히 가족주의라는 문화 코드를 전제로 전개되고 있다. 이러한 가족주의는 '우리'와 '남'을 구분하는 배타적 문화로 이어지기 쉽다. 특히 혈연과 가족 내 의리가 강조되면서 타인에 대한 공감이 제한되는 구조가 만들어진다. 가족 단위의 이익을 우선시하는 경향은 사회적 연대감과 공정성을 약화시킬 수 있다. 혈연 중심의 관계망이 강할수록 외부인에 대한 배타성과 각자도생 문화가 공고화된다.

동시에 국가는 사회 보장과 복지의 책임을 가족에게 돌리며, 가족 중심의 각자도생이라는 경쟁 상황을 방치할 위험성이 있다. 이처럼 가족주의는 공감의 가능성을 특정 집단 안에 가두고, 공동체적 연대의 약화와 국가 책임 회피라는 역설을 초래한다. 바로 이것이 한국 사회가 '공감의 역설'과 가장 먼저 마주하는 지점이다.

# 연고주의

연고는 혈통, 정분, 법률 따위로 맺어진 특별한 관계 또는 사람들 사이의 관계를 의미한다.[18] 한자의 의미를 보면, 연고(緣故)는 오랜 시간 이어져 실타래처럼 얽힌 관계를 지칭한다. 인간 사회에서는 어느 나라에서나 연고를 기반으로 한 인간관계가 존재하며, 이는 긍정적으로 작용하기도 하지만 사회적 배타성을 강화하는 요인이 되기도 한다.

동서양을 막론하고 연고주의적 관계망은 다양한 형태로 존재한다. 예를 들어, 중국에서는 관시(關係)[19], 일본에서는 세켄(世間)[20]이 개인과 사회를 연결하는 중요한 개념으로 작용한다. 서양에서도 족벌주의로 번역되는 nepotism은 친족이나 동족을 요직에 중용하는 것을 정실 인사로 번역되는 cronyism은 가까운 친구를 중용하는 것을 의미한다. 그러나 한국 사회에서 연고주의는 특히 강하게 작동하며, 단순한 인간관계를 넘어 사회 구조를 형성하는 핵심 요소로 기능한다.[21]

연고주의라는 개념은 1980년대에 등장한 용어로, "같은 연고를 공유하는 사람끼리 그들이 속한 집단 바깥에 위치한 다른 사람은 이용할 수 없는 편익을 얻는 사회적 체계"를 의미한다고 볼 수 있다.[22] 연고주의의 부정적 특성이 사회적으로 주목받기 시작한 것은, 선거 때마다 지역주의가 사회적 문제로 떠올랐기 때문이다. 이후 혈연주의·지연주의·학연주의 등의 문제점이 함께 논의되면서, 연고주의가 공정성을 해치는 사회적 과제로 인식되었다.

대표적인 연고 유형에는 혈연, 지연, 학연, 같은 신앙을 가진 신연, 같은 직업군을 기반으로 한 직연 혹은 업연 등이 있다.[23]

이 중 한국 사회에서는 혈연, 지연, 학연이 특히 강력하게 작용하며, 이를 삼연(三緣)이라고 부르기도 한다.[24] 이 중 혈연은 가족주의, 지연은 지역주의에서 따로 논의하므로, 여기서는 주로 학연을 중심으로 다루고자 한다.[25]

학연은 출신 학교를 기반으로 형성되는 관계로, 고등학교와 대학교에서 특히 강하게 나타난다. 대학 동문 관계는 강한 유대를 형성하며, 선배는 후배를 돌봐야 한다는 책임감을 가지는 반면, 후배는 이에 대한 예의를 갖춰야 한다는 암묵적인 기대가 존재한다. 하지만, 학연은 단순히 동기·선후배 관계에 국한되지 않는다. 같은 대학 출신이라는 이유만으로도 광범위한 동창생 네트워크에 포함될 수 있으며, 이를 통해 정보와 특혜를 공유하게 된다.

사회에서는 학연이라는 말 대신에 학벌이라는 말이 자주 사용되기도 한다. 학벌 사회의 문제점은 많은 이들이 공감하지만, 좀처럼 개선되지 않고 있다. 사회학자 김동훈은 2000년에 『한국의 학벌, 또 하나의 카스트인가』라는 도발적인 제목의 책을 출간하여 학벌주의를 강하게 비판하였다. 그는 "학벌은 신분이다", "학벌은 붕당이다", "학벌은 독점이다", "학벌은 편견이다"라고 주장하면서, 신판 신분제라 할 수 있는 학벌 사회의 질곡에서 벗어나기 위해 시민 의식의 전환과 대안적 구조 마련을 제안하였다. 그러나 그의 책이 출간된 지 25년이 흐르고, 학벌 철폐를 위한 다양한 사회적 노력과 운동이 이어졌음에도 불구하고, 학연으로 상

징되는 학벌 구조는 여전히 한국 사회에 깊이 뿌리내린 채 공고하게 존속되고 있다.[26)]

현대 사회로의 이행과 함께 학연의 영향력은 혈연, 지연보다 더욱 강화되었다. 학연은 사회적 신분 상승을 위한 중요한 자원으로 작용한다. 조직 사회에서도 다른 연고보다 더 큰 비중을 차지하게 되었다. 이 때문에 사람들은 학연을 유지하고 관리하는 데 기꺼이 비용을 지출하려고 한다. 특히 좋은 대학, 즉 '연줄이 통하는 대학'에 입학하기 위해 막대한 사회적 비용을 투자하는 현상이 나타났다. 이는 입시 경쟁 심화, 과도한 사교육비 부담, 교육 기회 불평등으로 이어지는 악순환을 만들어냈다.

연고주의는 직장에서도 강하게 작용하며, 특히 공공기관과 대기업에서는 학연·지연·혈연이 결합된 인사 시스템이 존재하는 경우가 많다. 많은 기업에서 특정 대학 출신들이 인사와 경영을 장악하며, 내부 인맥을 통해 채용과 승진이 결정되는 경우가 빈번하다. 이러한 문화는 신입사원의 선발뿐만 아니라, 승진, 보직 배치, 퇴직 후 자리 마련에도 영향을 미친다.

또한, 한국 사회에서는 연고주의가 정치와 경제의 유착으로 이어지는 경우도 흔하다. 정경유착은 정치인과 기업 간의 유착 관계를 통해 특정 기업이나 재벌이 정부의 정책적·재정적 지원을 받는 구조를 의미한다. 대표적인 사례로 대기업 총수와 정치권 간의 밀접한 관계, 전·현직 관료들이 퇴직 후 대기업이나 공기업의 고위직을 차지하는 '관피아' 문제가 있다. 이러한 구조는 공정한 시장 경쟁을 왜곡하고, 특정 기업이나 계층이 경제적·사회적 특권을 지속적으로 유지하는 결과를 초래한다.

물론 사람들 사이에서 건강한 관계를 맺고 네트워크를 형성하는 것은 긍정적인 사회적 자본이 될 수 있다. 그러나 한국의 연고주의는 단순한 네트워크 형성을 넘어, 내집단에 특혜를 제공하고 외집단을 차별하는 배타적 구조를 형성하는 경향이 강하다. 연고를 기반으로 한 인사 채용, 승진, 사업 기회 제공 등은 공정한 경쟁을 저해하며, 사회적 이동성을 제한하는 주요 요인이 되고 있다.

연고주의는 단순한 인간관계를 넘어, 공감을 특정 집단 내부로만 제한하고, 사회 전체로 확산되는 것을 가로막는 중요한 장애물로 작용한다. 연고주의가 강할수록, 사람들은 자신의 연고 집단에 공감을 극대화하지만, 그 밖의 사람들에게는 냉담한 태도를 보일 가능성이 높다.

이러한 구조 속에서 연고 네트워크에 속하지 못한 사람들은 기회에서 배제되고, 이는 사회적 신뢰를 약화시키며 불공정한 경쟁 환경을 조성한다. 연고주의는 공정한 사회로 나아가는 길을 가로막으며, 공감이 한정된 범위 안에서만 작동하도록 만든다. 이는 한국 사회가 공정성과 공감을 확장해 나가기 위해 반드시 극복해야 할 과제이다.

## 지역주의

'지역주의' 하면 '우리가 남이가'라는 말로 유명한 초원복국 사건[27]이 떠오른다. 또한, "내가 니 친구 아이가?"라는 대사로 회자된 영화 『친구』가 떠오르기도 한다. 지역에 대한 애정과 애착은 자연스럽고 당연하다.

그러나 그것이 일정 수준을 넘어 같은 지역 출신 정치인에 대한 맹목적 지지나 특정 지역에 대한 감정적 대립과 차별 등으로 나타날 때, 우리는 그것을 '지역주의'라 부른다.

이러한 지역주의는 일상생활에서도 발견되지만, 특히 선거와 같은 정치 행위에서 가장 뚜렷하게 나타난다. 이에 일부 학자들은 '정치적 지역주의'라는 용어로 이를 설명한다. 실제로 선거철마다 특정 지역이 특정 정당이나 후보에게 몰표를 주는 현상이 반복되고 있다.

정치적 지역주의의 기원에 대해서는 여러 해석이 있지만, 일반적으로는 박정희 대통령이 1967년과 1971년 대통령 선거에서 유리한 판세를 만들기 위해 지역 감정을 정치적으로 동원한 것이 출발점이라는 견해가 많다.[28] 이후 지역주의적 투표 성향은 민주화가 진전된 오늘날까지도 굳건히 지속되고 있다.

지역주의를 유발하는 배경으로는 지역을 기반으로 한 권력 독점, 지역 간 경제적 격차, 그로 인한 소외감이나 우월감 등이 자주 언급된다. 그러나 영남과 호남 간의 지역 격차는 흔히 사람들이 생각하는 것만큼 크지 않다. 역사적으로 보면 1970년대까지는 도시와 농촌의 급격한 격차가 주된 균열 축이었다면, 1980~90년대에는 영호남 격차가 부각되었고, 최근에는 수도권과 비수도권 격차가 새로운 지역 균열의 축으로 전면에 등장하였다.[29] 그래서 오늘날에는 수도권과 비수도권 간의 격차가 더 심각하며, 광역자치단체 내부에서도 중심 도시와 주변 지역 간, 혹은 단일 도시 내에서도 다양한 불균형이 존재한다.[30]

문제는 이러한 객관적 현실과 무관하게, 사람들이 지역 정체성을 내면화하고 그것에 따라 정치적 판단과 행동을 결정한다는 점이다. 특히 선거에서 이러한 경향이 극명하게 나타난다. 정치학자들은 이 현상을, 진보정당이 분단 체제 아래에서 광범위한 지지를 확보하기 어려운 상황에서, 유사한 성향의 거대 양당이 정책 경쟁보다는 지역 정서와 감정을 손쉽게 자극해 유권자를 동원하는 데 집중했기 때문이라고 분석한다. 나도 역시 이러한 해석에 동의한다.

심각한 문제는 이러한 지역주의가 단지 지역 간 감정 대립에 그치지 않고 최근의 정치사회적 양극화와 결합하면서 훨씬 더 복잡하고 파괴적인 형태로 나타난다는 점이다. 지역과 정치적 견해, 정당, 이념의 차이가 맞물리면서 상대에 대한 공감의 단절로 이어지고, 다름은 곧 적대의 근거가 된다. 대화보다는 갈등, 이해보다는 혐오가 앞서는 사회 분위기 속에서 공감은 점점 설 자리를 잃어간다.

인터넷과 미디어는 이 분열을 더욱 증폭시킨다. 알고리즘에 따라 강화된 확증 편향적 정보 소비는 자기 진영의 서사에만 몰입하게 만들고, 반대편에 대한 이해와 공감을 구조적으로 불가능하게 만든다. 이처럼 왜곡된 정보 환경 속에서 지역주의는 정서적 연대가 아니라 정치적 동원을 위한 도구로 전락한다. 그리고 특정 지역에서 발생한 비극조차 다른 지역의 냉소와 혐오로 이어지곤 한다.

이러한 공감의 결핍, 혹은 공감의 역설은 우리 사회가 직면한 근본적인 문제 중 하나다. 이는 단지 정서의 문제가 아니라 민주주의와 공동체의 존립을 위협하는 구조적 문제다. 왜곡된 지역주의와 정치적 양극화의 고리를 끊기 위해서는, 감정에 휘둘리는 즉각적 공감이 아니라, 이성적이며 성찰적인 인지적 공감 능력이 필요하다. 나와 다른 지역, 다른 계층, 다른 정치적 입장을 지닌 사람들에 대한 이해와 공감은, 공동체와 연대를 회복하는 첫걸음이 될 것이다. 우리는 지금 지역주의라는 허위의식에서 비롯된 공감의 역설을 넘어설 지혜와 용기가 필요하다.

## 눈치문화

'눈치'는 첫째, 남의 마음을 그때그때 상황으로 미루어 알아내는 것, 둘째, 속으로 생각하는 바가 겉으로 드러나는 어떤 태도를 말한다.[31] '눈치가 있다', '눈치를 보다', '눈치를 주다' 등은 일상에서 자주 쓰이는 표현이다. 눈치는 갈등을 예방하고 관계를 원만히 유지하는 데 기여하는 측면도 있으나, 그 문화가 사회 전반에 스며들면 감정의 위계화와 표현의 왜곡을 초래하기도 한다.

이러한 '눈치'가 개인의 심리나 능력의 문제가 아니라 사회적 규범으로 정착된 것을 '눈치문화'라 부를 수 있다. 눈치문화란 개인이 타인의 감정과 분위기를 과도하게 고려해 자신의 말과 행동을 조절하는 일이 일상화된 사회적 습관을 의미한다. 한국 사회에는 이러한 눈치문화가 깊이 뿌리내려 있다.

그 중요한 배경 중 하나는 한국인의 언어적 의사소통 방식과 관련이 있다. 문화인류학자 에드워드 홀 Edward Hall 은 문화를 고맥락 문화 High Context 와 저맥락 문화 Low Context 로 구분하였다.[32] 저맥락 문화는 자기 의사를 말과 문자로 명확하게 드러내는 반면, 고맥락 문화에서는 말보다는 관계와 분위기, 맥락을 통한 간접적인 의사소통이 중요하다.

한국어에는 주어 생략이 흔하고, 직접적인 표현보다는 완곡하거나 반어적 표현이 발달해 있으며, 말보다 상황의 정서나 분위기가 더 중요한 역할을 한다.[33]

이처럼 한국은 대표적인 고맥락 문화 사회이며, 이러한 언어문화는 집단주의적 특성과 맞물려 눈치문화의 토대가 된다. 결국 눈치는 집단주의와 고맥락이라는 두 문화적 축 위에서, 구성원들이 관계를 유지하고 간접적 표현을 구사하기 위해 사용하는 중요한 문화적 장치다.

연구에 따르면 눈치가 작동하는 방식은 대상에 따라 달라진다. 상급자나 영향력 있는 인물에게는 불이익을 피하기 위한 방어 전략으로 발동되지만, 동등하거나 하급자에게는 배려의 표현으로 작동하는 경우가 많다. 이는 집단 내에서 자신의 위치를 파악하고 관계의 안정성을 유지하려는 전략이라 볼 수 있다.[34] 따라서 겉으로는 배려와 조화를 위한 행동처럼 보이지만, 실제로는 위계질서를 유지하고 갈등을 피하기 위한 방식으로 작동한다.

문제는 이러한 눈치문화가 감정의 진정성을 해치고 위계를 정당화한다는 데 있다. 직장, 학교, 가정 등 여러 사회 영역에서 상급자의 기분을 살피고 맞추는 일이 생존 전략이 되다 보니, 감정을 있는 그대로 드러내는 것은 부적절하거나 위험한 것으로 여겨진다. 이러한 '강요된 공감'이 반복될수록 감정 표현의 자율성과 진정성은 점점 사라진다.

공감은 더 이상 타인의 감정을 이해하고 함께 나누는 능동적 행위가 아니라, 체면을 지키고 질서를 유지하기 위한 수단으로 전락한다. 조직

안에서는 늘 타인의 감정을 먼저 살펴야 하므로, 나의 감정은 후순위로 밀려나고 억눌리기 쉽다. 이 과정에서 감정 표현은 공감을 위한 것이 아니라, 불이익을 피하기 위한 방어적 행위로 기능하게 된다.

공감은 상호 이해와 관계 회복의 도구가 아니라, 침묵과 무표정, 과잉 동조를 정당화하는 구실이 되어버린다. 더 나아가, 공감조차 위계화된다. 상급자의 감정은 존중과 배려의 대상이 되지만, 하급자의 감정은 하찮게 여기거나 무시된다. 감정 표현이 평등하지 않은 구조에서는 공감 역시 권력 있는 자만이 누릴 수 있는 특권처럼 작동한다. 그 결과, 진솔한 감정 표현은 사라지고 눈치와 침묵, 과잉된 동조만이 남는 폐쇄적 구조가 만들어진다.

이러한 현실을 바꾸기 위해서는 감정을 위계적으로 배치하는 문화를 극복해야 한다. 상급자의 기분에 맞추는 것이 아니라, 누구나 자신의 감정을 자유롭고 진정성 있게 표현할 수 있는 수평적 관계가 필요하다. 감정을 솔직하게 나누고, 갈등이 발생하더라도 이를 성찰과 성장의 기회로 삼을 수 있는 환경이 조성되어야 한다.

이를 위해 조직과 공동체는 정기적인 감정 표현 훈련, 수평적 피드백 제도, 갈등을 안전하게 다룰 수 있는 대화 훈련과 같은 제도적 노력을 병행해야 한다. 눈치가 아닌 말과 감정으로 소통하는 문화, 감정 표현의 권리가 모두에게 보장되는 사회, 위계가 아닌 관계의 질을 중심으로 구성된 조직이야말로 진정한 공감이 자라나는 토대가 될 것이다. 공감은 위에서 아래로 내려오는 시혜가 아니라, 서로를 존중하는 수평적 관계 속에서 비로소 살아 숨 쉬게 된다.

# 능력주의

　능력주의는 라틴어 mereō(공로를 얻다)와 그리스어 kratos(지배)에서 유래한 'meritocracy'의 번역어이다.[35] 이 용어는 1958년 영국의 사회학자 마이클 영Michael Young의 풍자 소설 『능력주의의 발흥』에서 처음 등장했다. 이 소설에서 '능력merit'은 지능IQ과 노력effort이 결합된 것으로 정의되며, "M = I + E"라는 공식으로 표현된다.[36]

　능력주의는 오랫동안 우리 사회에서 긍정적인 가치로 받아들여져 왔다. 신분에 따라 지위가 고정되었던 과거와 달리, 능력주의는 출신 배경과 무관하게 개인의 노력과 능력에 따라 사회적 지위를 획득할 수 있다는 가능성을 제시했기 때문이다. 이러한 점에서 능력주의는 귀족주의나 계급 사회로부터의 해방을 의미하며, 자유와 평등이라는 근대 이념을 구현하는 핵심 가치로 인식되어 왔다. 또한 공정한 경쟁과 성취 중심 사회에 대한 믿음은 한국 사회의 발전을 이끈 중요한 동력으로 작용해 왔다.

　하지만 능력주의가 반드시 공정한 사회를 만들어주는 것은 아니다.[37] 오히려 최근에는 능력주의 자체가 사회적 불평등을 고착화하고 재생산한다는 비판에 직면하고 있다. 능력주의가 전제하는 '능력'이라는 개념 자체가 개인의 통제나 선택만으로 형성되는 것이 아니라, 사회적으로 구성된다는 점에서 문제가 제기된다. 예컨대 지능은 상당 부분 유전적 요인에 의해 결정되며, 개인의 노력 역시 유전적 성향뿐 아니라 그것을 북돋우는 가정과 사회 환경의 영향을 크게 받는다.

설령 제도적으로 평등한 기회를 제공하더라도, 현실에서는 부모의 사회경제적 배경, 교육 자원, 정보 접근성 등이 능력의 발현에 결정적인 요소로 작용한다. 유명 운동선수의 자녀가 부모로부터 물려받은 신체적 능력과 더불어, 어린 시절부터 우수한 코치에게 체계적인 훈련을 받으며 프로 선수로 성장하는 사례는 흔하다. 이러한 현상은 예체능뿐 아니라 교육, 기업, 정치 등 거의 모든 영역에서 나타난다. '금수저', '흙수저'라는 표현은 이러한 불평등한 현실을 단적으로 상징한다.

능력주의는 '출신 배경이 좋은 사람만 성공할 수 있는 능력주의'로 변질되기 쉽고, 한국 사회의 독특한 연고주의와 다양한 형태로 결합하여서 특정 계층의 기득권 세습을 정당화하는 역할을 하기도 한다. '부모 찬스', '금수저 논란', '재벌 2세·3세의 경영권 승계', 특목고-명문대-대기업/공직으로 이어지는 '엘리트 코스' 등은 능력주의와 연고주의가 맞물려 재생산되는 대표적인 한국적 현상이다. 문제는 이러한 현실에 대해 사회가 분노하거나 개선을 요구하기보다는, 능력 있는 엘리트는 성공의 대가를 누릴 자격이 있다는 믿음이 오히려 기존 질서를 정당화하고 유지하는 역할을 하고 있다는 점이다.

나아가 능력주의에 대한 이러한 믿음은 사회적 공감의 확산을 가로막는 데에도 깊은 영향을 미친다. 사람들은 '노력하면 성공할 수 있다'는 신화를 내면화한 채, 가난하거나 실패한 사람들을 노력 부족 탓으로 돌리기 쉽다. 이로 인해 사회적 불평등과 양극화 같은 구조적 문제는 개인의 책임으로 축소되며, 그 결과 실패자에 대한 공감이 사라지고 사회적 안전망에 대한 부정적 인식이 확산된다. 결국 타인을 돕는 행위는 '역차별' 혹은 '불공정'으로 여겨지고, 각자도생의 냉혹한 사회가 능력주의라는 이름 아래 정당화되는 것이다. 능력주의는 공감과 연대를 약화시키는 이데올로기이기도 하며, 함께 살아가기 위한 최소한의 윤리적 기반을 흔드는 역할을 한다.

참고로 마이클 영의 『능력주의의 발흥』은 개인의 능력만을 기준으로 운영되는 미래 사회를 배경으로 시작되지만, 결말은 매우 암울하다. 점차 능력 있는 엘리트들이 자신보다 능력이 낮은 육체노동자들을 억압하고 경멸하며, 사회는 극단적인 불평등과 혐오로 가득 찬 디스토피아로 전락한다. 저자는 '능력주의 사회의 완성은 곧 파멸'이라는 경고를 담고자 이 소설을 썼다.

한국 사회가 이러한 디스토피아로 나아가지 않기 위해서는 연고주의와 결합하여 기득권을 세습하는 능력주의의 문제를 직시해야 한다. 기회의 평등과 사회적 이동성 보장만으로는 부족하다. 지능이나 학업 성취에 한정된 협소한 능력 개념에서 벗어나, 보다 포괄적이고 다원적인 인간의 가능성과 삶의 방식을 인정하는 방향으로 전환해야 한다.

박권일은 능력주의라는 문제를 해결하기 위해 무엇보다 불평등의 정당화가 아닌 불평등의 완화와 해소에 초점을 맞추고, 분배적 정의의 원칙을 다원화하는 유연한 상상력이 필요하다고 지적한다.[38] 결과의 평등에 대한 적극적인 정책적 노력이 병행되어야 한다. 각자의 적성과 필요에 따라 행복을 추구할 수 있는 사회적 토대를 마련하는 것, 그것이야말로 능력주의를 넘어서는 새로운 사회로 나아가는 출발점이 되어야 한다.

종합해 보자면, 한국 사회의 문화적 특성들은 공감을 제한하거나 왜곡하는 방식으로 작동해왔다. 가족주의는 공감의 내향화, 연고주의는 공감의 조건화, 지역주의는 공감의 단절화, 눈치문화는 공감의 위계화, 능력주의는 비공감의 합리화를 낳는다. 이처럼 공감은 특정 집단이나 위계 안에서만 허용되거나, 타인의 고통에 무관심해지는 정당화의 논리로 전락하고 있다. 그러나 진정한 공감은 경계를 넘고, 다름을 이해하며, 공동체의 회복을 가능하게 하는 감정이다. 이제 우리는 이 공감의 역설을 직면하고, 이를 넘어설 수 있는 감정적 상상력을 회복해야 한다.

## 라운드 테이블

1. 한국 사회의 가족주의가 당신의 공감 방식에 긍정적 또는 부정적으로 영향을 준 구체적인 경험은 무엇이었는가? 그 경험을 통해 어떤 점을 느꼈는지 적어 보자.

2. 학연, 지연, 혈연 등 연고주의 안에서 혜택이나 불이익을 겪은 적이 있다면, 그 경험이 당신의 공감 능력과 공정성 인식에 어떤 변화를 가져왔는지 성찰해 보자.

3. 눈치문화 속에서 당신이 솔직한 감정을 표현하지 못했던 경험이 있다면 떠올려 보자. 만약 그때와 비슷한 상황이 다시 온다면, 어떻게 다르게 행동할지 생각해 보자.

4. 능력주의 사회에서 실패하거나 뒤처진 사람들을 바라볼 때 느끼는 감정은 무엇인가? 그 감정이 당신의 가치관과 공감 능력에 어떤 영향을 끼쳤는가?

5. 한국 사회의 '공감의 역설'을 극복하기 위해 개인적으로 실천할 수 있는 구체적인 행동을 적고, 일정 기간 이를 실천한 후 그 경험을 동료들과 나누어 보자.

생각과 메모

4장

# 공감 교육의 구체적 방법

 나는 학교나 사회에서 공감 교육을 체계적으로 받은 경험이 없다. 그래서 사회생활을 하면서 다른 사람의 감정을 이해하고 공감하는 데 많은 시행착오를 겪었다. 그나마 내가 조금씩 나아질 수 있었던 이유는 민주적 시민으로 살아가고자 하는 의지에서 비롯되었다고 생각한다.

 가끔은, 만약 내가 어릴 때부터 공감 교육을 구체적으로 받을 기회가 있었다면, 지금보다 더 나은 사람이 되어 있지 않았을까 하는 아쉬움이 든다. 그래서 지금부터 제시하는 내용은, 가정과 학교, 그리고 사회에서 공감 교육에 목말라 있는 이들에게 개괄적인 지형도라도 제공하고자 하는 마음으로 정리해 본 것이다.

# 공감 교육의 발달적 차원[39]

공감은 단일한 감정이나 기술이 아니라, 발달에 따라 점진적으로 확장되는 능력이다. 아동은 태어날 때부터 타자에 반응한다. 단순한 감정 인식에서 시작하여, 타자의 시선을 이해하고, 정서적으로 반응하며, 사회적 공감과 연대의 단계까지 나아간다. 이처럼 공감 능력은 성장 과정 속에서 점차 복합적이고 심화되는 발달적 특성을 지닌다.

이에 따라 여기서는 공감 능력을 다음의 다섯 차원으로 구분하여 이해하고자 한다. 이 차원들은 고정된 단계라기보다 서로 영향을 주고받으며 순환적으로 발달한다. 각 차원에 대해 공감 능력을 신장할 수 있는 교육적 실천 사례는 〈표 6〉과 같다.

참고로 〈표 6〉의 공감 능력 차원(감정 인식, 관점 취하기, 정서적 공감, 공감적 반응, 사회적 공감)은 〈표 5〉에서 제시한 공감의 신경생물학적 층위(감정 전염, 사전 관심, 동정적 관심, 목표 지향적 도움)와 대응하며, 이를 보다 실천적이고 교육적으로 접근할 수 있도록 재구성한 틀이다.

즉, 생득적 공감 반응에서 출발하여 사회적·도덕적 공감으로 확장된다는 공감의 발달 구조는 두 모델에서 공통적으로 확인되며, 교육적 모델은 이를 학교와 사회에서 구체적으로 실현할 수 있는 실천 차원으로 해석한 것이다.

<표 6> 공감 능력 차원에 따른 교육적 실천 예시

| 공감 능력 차원 | 설명 | 실천 예시 |
|---|---|---|
| 감정 능력 신장<br>Emotional Awareness | 자신의 감정을 인식하고 명확히 표현하는 능력 | 감정 카드, 감정 일기, '오늘의 기분' 나누기 |
| 관점 취하기<br>Perspective Taking | 타인의 입장에서 상황을 사고하는 능력 | 역할극, '내가 ○○라면?' 질문 활동 |
| 정서적 공감<br>Emotional Empathy | 타인의 감정에 정서적으로 반응하는 능력 | 문학·영화 감상 후 감정 토론, 미술 표현 |
| 공감적 반응<br>Empathic Response | 공감한 감정을 행동으로 표현하는 능력 | 친구 위로하기, 경청 후 요약, 피드백 쓰기 |
| 사회적 공감<br>Social Empathy | 낯선 타자나 사회적 약자에 대해 이해하고 연대하는 능력 | 봉사 활동, 혐오 표현 감별, 디지털 공감 캠페인 참여 |

이러한 공감의 차원은 고정된 단계를 밟는 것이 아니라, 서로 교차하며 확장되고 심화되는 특성을 갖는다. 중요한 것은 아동과 청소년이 성장하면서 점점 더 넓고 깊은 공감 능력으로 나아갈 수 있도록 도와주는 것이며, 그것이 가정, 학교, 지역사회라는 일상적 교육의 장(場)에서 실현되어야 한다. 이 장(場)들이 유기적으로 협력할 때, 공감 교육은 단순한 훈련이 아니라 삶의 방식으로 자리 잡을 수 있다.

# 가정·학교·사회에서의 공감 교육

이제 위의 다섯 가지 차원에 따라 가정·학교·사회에서 구체적으로 어떻게 공감 교육을 하는 것이 좋은지 간략히 기술하고자 한다.

**가정에서의 공감 교육**

가정은 한 인간으로 태어나고 성장하는 첫 번째 양육 환경이다. 당연히 공감 교육이 시작되는 출발점이기도 하다. 부모 또는 보호자와의 관계에서 아이는 정서적 애착을 경험하고 자신의 감정을 이해하고 표현하게 된다. 이는 동시에 보호자의 표정, 목소리, 움직임을 통해 타인의 감정을 읽고, 타인의 관점을 취하는 능력을 익히는 과정이기도 하다. 나아가서 타자의 감정에 반응하고 때로 타자를 돕기 위한 이타적 행동으로 이어지는 성장의 과정이다.

1부에서 다루었듯이, 이러한 공감 능력의 발달은 자신이 소중한 존재라는 자존감의 안정적인 형성에 기초한다. 자존감과 관련된 가정에서의 공감 교육은 일반적으로 부모나 보호자가 자녀를 대하는 양육 방식 전반에 깊숙이 내재되어 있다. 이를 부모의 문화적 양육 이론parental ethnotheories으로 설명한 바 있다.

구체적이고 의도적인 공감 교육에 앞서, 보호자는 자신의 양육 방식을 스스로 성찰하고, 아이가 자존감을 지니고 성장하도록 돌보고 있는지를 먼저 살펴보아야 한다. 아이의 욕구와 정서를 잘 읽어 내고 이에 대해 수용적인 태도로 소통함으로써, 아이가 정서적 공감, 공감적 반응, 사회적 공감 능력을 기를 수 있도록 도와주어야 한다.

보호자가 자신의 감정이나 정서를 자연스럽게 표현하고, 감정 조절을 적절히 하는 모습을 보여주는 것도 중요하다. 또한 아이의 행동을 훈육할 때는 감정적 반응을 보이기보다는 일정한 기준과 규칙을 적용해야 한다. 훈육의 장면에서는 상담에서 언급하는 '나 전달법 I-message'[40]을 통해 보호자의 감정이나 생각을 전달하는 것이 필요하다.

좀 더 구체적인 공감 교육 방법을 알기 위해서는 아동기의 감정, 정서, 인성 교육과 관련된 다양한 서적과 도구들을 참고하면 좋다. 가정에서 의식적으로 실천할 수 있는 공감 교육의 간단한 예시로는 다음과 같은 것들이 있다.

예를 들어, 감정 카드를 활용해 자신의 감정을 표현하도록 유도하는 활동, 또래와의 상호작용에서 상대방의 입장에서 생각해 보기, 가족 내 감사 표현이나 칭찬 릴레이, 아이가 관심을 가지는 다양한 사회적 이슈에 대해 열린 대화를 나누는 일 등이 있다. 그리고 이러한 공감 교육이 '나와 다른 친구를 돕기'나 '사회적 약자에 대한 봉사 활동' 등으로 이어지도록 기회를 제공하는 것 역시 중요하다.

### 학교에서의 공감 교육

학교는 나와 다른 다양한 동료들과 함께 생활하면서 타자를 이해하고 공감하는 능력을 배울 수 있는 공식적인 공간이다. 가정이나 사회와 달리, 보다 의도적이고 체계적인 공감 교육이 가능한 곳이기도 하다. 이에 따라 활용할 수 있는 공감 교육의 예를 몇 가지 들어보면 다음과 같다.

① 감정 인식 및 표현 훈련

학급이나 동아리 활동을 통해 다양한 감정 인식과 표현 훈련을 할 수 있다. 예를 들어, 학급에서는 교실의 앞뒤 공간을 활용하여 하루의 감정을 표시하는 '감정 온도계'를 만들 수 있다. 이를 통해 하루의 감정을 점수나 언어로 표현하고, 서로 그 이유를 공유하며 하루를 시작하거나 마무리할 수 있다. 또한 다양한 감정을 포함한 언어 카드나 이미지 카드를 활용해 자신의 감정을 표현하고, 그 감정을 상징화할 수도 있다. 국어나 사회 시간에는 일기 쓰기나 감정 일지를 작성하여 감정의 변화를 추적하고 성찰하는 활동도 가능하다.

② 역할극

역할극은 거의 모든 교과 및 비교과 활동에서 활용할 수 있는 교육 방법이다. 예컨대, 이주민이나 장애인 체험, 친구 간 갈등 상황 연기, 다양한 직업에 대한 관점 체험 등 거의 모든 인간 경험이 역할극의 소재가 될 수 있다. 역할극은 타자의 관점을 취하고, 정서적·인지적 공감 능력을 확장시키며, 상황에 따른 의사결정 능력을 기르는 데에도 도움이 된다.

③ 문학 및 예술 활용

문학과 예술 활동 역시 공감 능력을 신장시키는 데 매우 유용한 방법이다. 특히 소설은 다양한 인물이 등장하므로, 주인공을 비롯한 여러 인물의 입장에서 역할극을 해 보면 사회적 맥락에 따른 감정, 동기, 행동에 대한 이해의 폭을 넓힐 수 있다.

미술이나 음악 같은 예술 활동은 이러한 감정과 이해를 표현하고 해석하는 데 효과적인 도구가 된다. 자신이 공감한 내용을 현실적 혹은 상징적으로 표현함으로써, 공감 능력과 함께 창의력, 상상력도 함께 신장할 수 있다.

### ④ 협동 학습

오늘날 학교의 교수·학습 활동은 교사 중심의 일제식 수업에서 벗어나, 학생의 자기 주도성을 강조하는 활동 중심 수업으로 빠르게 변화하고 있다. 많은 수업 활동이 동료들과의 협업을 통해 이루어지는 크고 작은 프로젝트로 전환되고 있다.

이렇게 팀별로 역할을 나누고, 대화를 나누며, 함께 작업하는 경험은 다양한 의견을 존중하는 연습이 되고, 협력과 배려의 기회를 제공하며, 집단적 문제 해결 능력을 기르는 데 도움이 된다.

### ⑤ 경청 및 소통 훈련

오늘날 개인주의의 발달과 함께 권리 의식이 신장되면서 자신의 주장을 관철하려는 목소리는 커진 반면, 타인의 이야기를 경청하려는 태도는 점점 약화되고 있다. 따라서 학교에서 경청을 훈련하는 것은 매우 중요하다.

표정이나 몸짓 등 비언어적 표현을 관찰하고 감정을 추론하는 활동, 상대방의 말을 요약하고 공감하며 반응하는 활동, 학급에서 '경청의 규칙'을 정하고 친구의 말을 온전히 듣는 연습 등이 체계적으로 교육될 필요가 있다.

⑥ 갈등 해결 교육

학교는 사회적 갈등을 이해하고, 이를 관리하고 해결하는 능력을 배우는 장이기도 하다. 이를 위해서도 공감 능력은 필수적이다. 불행히도 현재 학교에서는 좁은 의미로 사법화된 학교 폭력 규정과 법률 때문에 교육적 해결의 여지가 줄어들고, 작은 갈등도 법적 절차로 이어지는 경우가 많다. 이는 장기적으로 민주 사회의 건전한 발전을 위해서도 바람직하지 않다.

학생들은 갈등 해결의 기초로서 '나 전달법 I-message'과 비폭력 대화 Nonviolent Communication, NVC[41)]를 익히고, 이를 통해 사전 예방적 소통 능력을 키워야 한다. 나아가 실제 갈등 상황에서도 이를 슬기롭게 조율하고 해결할 수 있는 역량을 갖추기 위해서는, 사회적 공감 능력이 필수적으로 뒷받침되어야 한다.

⑦ 디지털 공감 교육

오늘날에는 대면 상호작용 못지않게, 많은 상호작용이 온라인 공간에서 이루어진다. 우리는 혐오 표현이나 집단 공격과 같은 사이버 폭력이 빈번히 발생하는 사회에 살고 있다. 따라서 SNS 소통 예절 교육, 사이버 폭력 예방 교육, 디지털 환경에서의 감정 이해와 배려 훈련, 온라인 토론을 통해 다양한 의견을 조화롭게 나누는 훈련이 필요하다.

학교에서의 공감 교육은 위에 열거한 일곱 가지로만 한정되지 않는다. 앞서 언급했듯이, 구체적이고 체계적인 공감 교육 못지않게 중요한 것은 학교 자체가 공감·협력·연대·민주주의가 살아 숨 쉬는 훈련장이 되는 것이다. 이를 위해 무엇보다 중요한 것은 교사의 공감적 태도 모델링이다. 교사는 학생의 감정에 민감하게 반응하고, 심리적 안전감을 조성함으로써 공감이 일상화되는 학급 문화를 이끌어야 한다.

### 사회에서의 공감 교육

앞에서 언급했듯이, 한국 사회는 가족주의, 연고주의, 지역주의, 눈치 문화, 능력주의 등으로 인해 내집단에는 과도하게 공감하고 외집단에는 적대적인 행동을 보이기 쉬운 구조를 가지고 있다. 이러한 사회 문화가 바뀌지 않으면, 학교와 가정에서의 공감 교육의 효과도 더디게 나타날 수밖에 없다.

학교, 가정, 사회가 유기적인 협력 아래 공감 교육을 실천할 때, 우리 사회는 보다 인간적인 사회로 바뀔 수 있다. 이와 관련하여, 우리 사회의 기성세대는 연고주의, 지역주의, 위계 문화, 정치적 극단 대립과 같은 타자를 적대시하는 사회문화적 환경을 개선하기 위해 공동의 노력을 기울여야 한다. 또한, 여론 형성에 중요한 역할을 하는 기성 언론과 유튜브 매체들은 공존의 틀 안에서 합리적인 논쟁과 대화가 이루어지도록 자정 노력을 기울일 필요가 있다. 필요하다면, 혐오와 적대를 재생산하는 매체에 대해서는 자유주의의 한계 내에서 적절한 제한을 가하는 입법도 검토할 필요가 있다.

이러한 사회 생태계 조성을 통해, 기성세대는 아이들이 타인과의 관계를 넘어 낯선 타자나 사회적 약자에까지 감정적·윤리적 상상력을 확장할 수 있는 공간을 제공해야 한다. 지역사회 봉사 활동은 사회적 공감을 행동으로 전환하는 대표적인 실천 사례가 될 수 있다.

또한, 온라인 환경에서의 공감 교육 역시 보다 체계적으로 실시할 필요가 있다. SNS 소통 예절 교육, 사이버 폭력 예방 교육, 다양한 의견을 존중하는 온라인 토론은 디지털 공감 능력을 기르는 데 기여한다. 공공 캠페인 참여, 혐오 표현에 대한 비판적 분석, 다문화 이해 교육 등은 사회적 공감을 시민적 실천으로 확장하는 통로가 된다. 아이들은 이러한 실천을 통해 사회의 일원으로서 책임감과 연대 의식을 내면화하게 된다.

다음 장에서 설명할 공화주의 시민성으로의 공감 확장은, 결국 사회적 연대를 지향하며 공화주의적 시민 덕성과 연결된다.

참고로 <표 7>은 공감의 다섯 가지 차원에 따라 가능한 공감 교육 실천 사례를 가정, 학교, 사회로 구분하여 정리한 것이다.

<표 7> 가정·학교·사회에서의 공감 교육 차원별 실천 예시

| 공감 능력 차원 | 가정 | 학교 | 사회 |
|---|---|---|---|
| 감정 능력 신장<br>Emotional Awareness | 감정 카드 활용,<br>감정 언어 익히기 | 감정 온도계,<br>감정 일기 쓰기 | 미디어에서 감정 표현<br>분석, SNS 감정 예절 |
| 관점 취하기<br>Perspective Taking | 가족 간 역할 바꿔<br>말하기, '○○라면?' 질문 | 역할극, 갈등 상황<br>입장 바꿔보기 | 타인의 경험 듣기<br>프로그램, 인터뷰 캠페인 |
| 정서적 공감<br>Emotional Empathy | 문제 상황에서 감정<br>공유, 공감 대화 | 문학 작품 감정 분석,<br>미술로 감정 표현 | 공공예술 참여,<br>감동 사연 공유 |
| 공감적 반응<br>Empathic Response | 칭찬 릴레이, '나 전달법'<br>을 활용한 훈육 | 공감 피드백 쓰기,<br>경청 활동 | 시민토론회 참여,<br>공감 기반 대화 연습 |
| 사회적 공감<br>Social Empathy | 가족 내 봉사 계획,<br>사회적 약자 이야기<br>나누기 | 지역사회 캠페인,<br>다문화 공감 수업 | 봉사 활동, 혐오 표현<br>비판, 공존 교육 |

종합하자면, 공감 교육은 감정의 언어를 배우는 '가정', 타자를 이해하고 협력하는 '학교', 사회적 약자와 연대하는 '시민 사회'에서 실천될 때 가장 강력한 힘을 발휘한다. 공감은 민주적 삶의 기초이며, 그것이 내면화될 때 비로소 우리는 공화주의적 시민교육으로 나아갈 수 있다.

## 라운드 테이블

1. 어린 시절 가정에서 감정 표현과 공감 능력을 배우는 데 어떤 경험을 했는가? 그 경험이 현재 당신의 공감 방식에 어떤 영향을 주었다고 생각하는가?

2. 만약 당신이 교사라면, '감정 온도계'나 '역할극' 같은 공감 교육 활동 중 하나를 어떤 상황과 방법으로 수업에 적용할 것인가? 그 이유를 설명해 보자.

3. 사회적 약자나 낯선 타자에 대한 공감을 키우기 위해, 당신이 속한 지역사회에서 실천할 수 있는 구체적인 활동을 제안해 보자.

4. 디지털 환경(예: 사이버 폭력, 혐오 표현 등)에서 공감 교육은 당신에게 어떤 의미가 있는가? 직접 경험하거나 목격한 사례를 떠올리며 성찰해 보자.

5. 공감 교육의 다섯 차원(감정 능력 신장, 관점 취하기, 정서적 공감, 공감적 반응, 사회적 공감) 중 자신에게 가장 필요한 차원은 무엇이며, 그 이유와 이를 기르기 위한 작은 실천 계획을 적어 보자.

# 생각과 메모

5장

# 공감 교육에서 유의할 점

　자존감 교육과 마찬가지로, 공감을 교육하는 데 있어서도 유의해야 할 점들이 있다. 이미 앞에서 다루었듯이, 공감에는 다양한 층위가 존재한다. 공감은 일차적으로 타인이 느끼는 것을 자신도 느낄 수 있는 능력이다.

　이러한 능력은 인간 사회를 가능하게 하는 힘이지만, 추론을 거치지 않은 직관에 기반한다. 또한, 던바의 수에서 보듯이, 공감은 자기와 친밀한 사람에게 한정되어 작동하는 경우가 많다. 따라서 과잉 공감이나 과소 공감 모두 문제가 되며, 이성적 판단이 개입되지 않은 공감은 위험할 수 있다.

공감 교육을 담당하는 사람은 이러한 문제를 충분히 인지하고, 균형 잡힌 공감 교육을 실천할 수 있어야 한다. 이러한 유의점은 여기서 감정의 과잉 동조, 정서적 편향, 공감의 도덕화, 구조적 문제 은폐의 네 가지 범주로 나누어 살펴보고자 한다.

## 과잉 동조

감정의 과잉 동조 Emotional Overidentification로 인한 문제이다. 공감은 일차적으로 정서적 반응이다. 타인이 슬퍼할 때 함께 슬퍼하고, 타인이 기뻐할 때 함께 기뻐할 수 있는 것은 사회적 동물로서 인간의 고귀한 능력이다. 그것은 거울 신경세포와 같이 인간의 뇌 속에 고유하게 장착되어 있어, 인간이 초사회적 존재로서 협력과 연대를 이루게 해 준다.

그러나 타인의 고통이나 감정, 나아가 기쁨과 즐거움에 대한 느낌조차도 지나치게 동조되면 문제가 생긴다. 공감 능력의 출발은 자기 감정에 대한 인정과 이해가 바탕이 되어야 하는데, 자신의 감정이 중심을 잃고 타인의 감정에 의해 휘둘리는 현상이 생겨난다. 이렇게 되면 자기 감정 조절 능력이 저하되고, 감정 소진을 경험하기도 쉽다. 스스로 주체적인 삶을 꾸려 나가는 것 자체가 위협받을 수 있는 것이다.

이 때문에 공감의 작용과 관련하여 심리적 경계 boundary를 배우는 일이 중요하다. 특히 자아가 형성되는 유·초등학교 시기에는 타인의 감정을 공감하고 이해하기에 앞서, 자기 감정을 표현하고 이해하며 소중히 여기는 훈련이 우선되어야 한다. 이러한 자기 감정에 대한 존중을 기반으로 타인의 감정에 대한 공감이 학습되어야 한다.

## 정서적 편향

감정적 연대로서의 공감은 자연스럽게 정서적 편향Affective Bias으로 이어진다. 앞에서 언급했듯이, 인간의 공감은 본능적으로 자기와 유사하거나 가깝게 느껴지는 사람에게 더 쉽게 작동한다. 인간 신피질의 크기를 기준으로 공감 능력이 150명의 범위를 크게 벗어날 수 없다고 본 '던바의 수' 역시 이 점을 뒷받침한다.

따라서 이 문제를 교육에서 간과할 경우, 공감을 강조하는 것 자체가 특정 집단이나 사람에게만 국한된 공감으로 귀결되어, 타자에 대한 혐오와 배제를 정당화하는 도구로 전락할 위험성이 높다. 공감 교육에서 이 점을 간과하면, 오히려 공감이 더 큰 규모의 타인에 대한 적대로 작용할 수도 있다. 공감 능력이 전 지구적 차원까지 확장되기를 요구받는 이 시대에, 공감 교육은 '공감의 진화'라는 어려운 주제를 회피해서는 안 된다.

또한, 정서적 편향과 관련하여, 공감 교육을 할 때 '공감'이라는 용어를 연민, 동정, 이타심 등 인간 감정을 설명하는 다양한 용어와 구분하는 일도 중요하다. 이는 자기 감정을 보다 정교하게 이해하고 해석할 수 있게 해 줄 뿐 아니라, 타인을 향한 자기 마음을 메타적으로 이해하는 데도 도움이 된다. 더불어 '공감'이라는 이름으로 타인을 자기보다 열등한 존재로 보는 문제에 대해서도 경각심을 가질 수 있도록 도와야 한다.

## 공감의 도덕화

공감에서 유래하는 행동이 도덕적 판단이나 행동으로 연결될 수 있는가 하는 문제, 즉 공감의 도덕화 Moralization of Empathy 문제를 다루어야 한다. 공감은 도덕적 판단이나 행동의 중요한 자원임은 틀림없다. 그러나 그 연결이 항상 성립하는 것은 아니다. 예를 들어, 장 드세티 Jean Decety와 제이슨 M. 코웰 Jason M. Cowell은 발달심리학, 행동과학, 사회신경과학에서 축적된 다양한 실증 연구들이 도덕성과 공감 사이의 관계가 단순하지 않고 복합적이라는 점을 보여준다고 언급하면서, 이러한 복잡한 관계를 보다 정확히 이해하기 위해 '공감'이라는 포괄적 용어 대신 '감정 공유 emotional sharing', '공감적 관심 empathic concern', '정서적 관점 수용 affective perspective-taking'과 같은 보다 정밀한 개념들을 사용할 것을 제안한다.[42]

이와 관련하여, 공감이 곧 도덕적 행동으로 연결되지 않는다는 입장과 도덕적 행동이 꼭 공감을 필요로 하지 않는다는 입장이 있다. 우선, 공감-이타주의 가설 empathy-altruism hypothesis과 관련된 심리학 연구들은 공감이 반드시 이타적 행동을 유발하지 않는다는 점을 지적한다. 공감적 관심 empathic concern이 이타적 동기를 만든다는 공감-이타주의 가설을 주장한 베트슨 Batson, C. D.의 실험들은 어려움에 처한 사람에게 느끼는 공감적 관심이 그 어려움을 제거하고자 하는 이타적 동기를 유발한다는 점을 밝혔다. 그러나 공감에서 유발된 이타주의의 영향이 모두 긍정적인 것은 아니다.[43] 오히려 회피, 방관, 선별적 도움에 그치는 경우도 적지 않다. 특히 공감이 감정적 불편을 유발할 경우, 그 대상을 회피하려는 경향이 오히려 강화되기도 한다. 따라서 공감은 도덕적 행동의 촉진 요인이 될 수는 있으나, 충분조건은 아니며 일관된 예측 지표도 아니다.

이와는 다른 차원에서, 폴 블룸 Paul Bloom은 그의 저서 『공감의 배신』에서 공감을 도덕 판단의 기준으로 삼는 것에 대해 강하게 반대한다.[44]

그는 공감이 대체로 편향적이고 근시안적이며, 가까운 사람이나 유사한 집단에 더 쉽게 작동한다는 점에서 정의와 공정성을 해칠 위험이 있다고 지적한다. 공감보다 원칙과 이성, 공정성에 기반한 판단이 더 도덕적일 수 있다는 것이다. 또한, 어떤 사람이 선행이나 이타적인 행동을 할 때 공감을 반드시 전제로 하지 않아도 된다고 주장한다.

이 두 가지 입장을 종합해 보면, 공감이 도덕적 판단과 행동의 필수적 기반이 되어야 한다는 생각에는 신중할 필요가 있다. 교육적 실천에서 공감은 정의, 공정성, 비판적 성찰과 연결되어야 하며, 감정의 즉각적 반응에 머무르지 않고, 도덕적 판단을 형성하는 인지적 과정과 결합되어야 한다. 공감과 도덕을 동일시하지 않으면서도, 공감을 도덕적 교육의 일부로 재구성하는 비판적 접근이 필요하다.

## 구조적 문제 은폐

 타인의 고통 문제를 공감이라는 감정이나 정서적 차원에서만 접근할 경우, 구조적 문제 은폐 Obscuring Structural Issues의 위험성이 있다. 차별, 불평등, 제도적 폭력과 같은 사회 구조적 문제는 단순히 그런 상황에 처한 사람들에게 공감하는 정도로 해결될 수 없는 차원의 문제들이다. 그에 대한 해결을 '불쌍하니까 도와주자'는 수준에서 바라보고 개인적 자선에 머무를 경우, 이는 진정으로 타인을 돕는 것이 아닐 수 있다.

 실제로 많은 자선 단체들이 제3세계의 빈곤이나 열악한 의료 환경 등을 개선하기 위해, 정서적 공감에 기반한 공익 광고를 수시로 내보낸다. 나는 그런 공익 광고를 볼 때마다 마음이 아프고, 때로 기부를 하기도 한다. 그러나 어떤 때는 마음이 불편한 감정이 들어 회피하게 되기도 한다. 그리고 봉사 단체나 제3섹터 활동을 넘어서는, 좀 더 구조적인 해결책이 필요하다는 생각을 하곤 한다. 다른 사람들의 반응도 유사할 것으로 짐작된다.

 공익 단체를 돕는 것은 개인적으로 보면 칭찬할 만한 선행이다. 그런 활동을 통해 많은 사람들이 혜택을 보는 것도 사실이다. 그러나 그 차원에만 머문다면, 기존의 사회 구조적 모순이 유지되는 데 일조할 수도 있다. 그 점에서 타자의 고통을 만들어내는 심층적인 원인을 이성적으로 추론하는 판단 능력, 그리고 사회 구조와 정의의 문제를 도외시하지 않는 비판적 공감 능력이 요구된다.

요컨대, 공감은 인간의 사회적 관계를 가능하게 하는 핵심 감정 자원이지만, 그것이 항상 도덕적이고 교육적으로 바람직한 방식으로 작동하는 것은 아니다. 감정의 과잉 동조, 정서적 편향, 공감의 도덕화, 구조적 문제 은폐와 같은 요소들은 공감의 교육적 실천에서 반드시 숙고되어야 할 위험 요소들이다.

공감 교육은 단순히 타인의 감정을 '느끼게' 하는 수준을 넘어, 자기 감정에 대한 이해와 존중을 바탕으로, 비판적 사고와 결합된 '비판적 공감critical empathy'[45] 능력을 함양하는 방향으로 재구성되어야 한다. 공감 교육은 감정을 다루는 인간으로서의 성숙한 태도와 시민적 감수성을 기르는 과정이기도 하다.

공감 교육을 균형 있게 하기 위해서는 앞 절에서 다루었던 '감정 능력 신장', '관점 취하기', '정서적 공감', '공감적 반응', '사회적 공감'이라는 다차원적인 공감 능력을 기르는 교육이 필요하다. 그리고 사회적 공감도 특정 집단을 넘어서 인류 공동체 전체를 지향하는 방향으로 확장되어야 한다.

## 라운드 테이블

1. 일상에서 다른 사람의 감정에 과잉 동조하여 자신의 감정과 에너지가 소진된 경험이 있는가? 그 상황을 구체적으로 떠올려 보고, 앞으로 심리적 경계를 세우기 위해 어떤 노력이 필요할지 생각해 보자.

2. 공감이 항상 도덕적 행동으로 이어지지 않는다는 점에서, 당신은 공감과 도덕적 판단의 관계를 어떻게 이해하는가? 일상 속 경험이나 사회적 현상을 예로 들어 설명해 보자.

3. 공익 광고나 캠페인을 보며 느꼈던 감정과 행동(예: 기부, 무관심, 회피 등)을 어떻게 설명할 수 있는가? 그 감정이 사회 구조나 정의에 대한 당신의 태도에 어떤 영향을 주었는가?

4. '비판적 공감(critical empathy)'은 사회 구조와 정의를 함께 성찰하는 공감이다. 당신이 일상에서 실천할 수 있는 비판적 공감 한 가지를 구체적으로 계획하고 실행에 옮겨 보자.

5. 과잉 동조, 정서적 편향, 공감의 도덕화, 구조적 문제의 은폐 등 공감 교육에서 유의해야 할 점들을 고려하여, 공감 교육의 종합적인 실행 계획을 동료들과 함께 구상해 보자.

생각과 메모

생각과 메모

민주주의 위기 시대,

교육의
응답

자존감,
공감,
공화주의와
민주시민교육

3부

# 민주시민교육과
# 공화주의교육

상상의 공동체에서 공존하기

## 1장

# 대한민국은 민주공화국

한 인간이 태어나서 처음으로 받아야 할 교육으로서의 자존감 교육, 그리고 사회인으로 필요한 공감 교육에 대해서 앞서 살펴보았다. 이제부터는 자존감과 공감만으로는 해결할 수 없는, 더 넓은 공동체에 대한 이야기를 하려 한다. 국가나 지구촌이 바로 그런 공동체다. 이처럼 넓은 세계는 우리가 자존감만으로 버텨내기 어렵고, 아무리 공감하려고 해도 도무지 공감할 수 없는 사람들과 함께 살아야 하는 공간이다. 그래서 3부의 핵심 내용은 공화주의와 민주시민교육이다. 그 시작을, 내가 태어나고 자란 '대한민국'이라는 상상의 공동체에서의 경험으로부터 출발해 보려 한다.

과연 우리는 지금 '민주'와 '공화'라는 이름에 걸맞은 정치를 실현하고 있는가? 대통령 한 사람의 말이 나라 전체를 흔들고, 토론보다는 갈등과 혐오가 앞자리를 차지하는 현실을 마주할 때면, '민주공화국'이라는 말이 그저 허울처럼 느껴지기도 한다. 그럼에도 불구하고 나는 여전히 희망의 끈을 힘차게 붙들고 싶다. 민주공화국이 이미 완성된 정치 체제가 아니라, 우리 모두가 함께 만들어가야 할 '상상의 약속'이기 때문이다.

## 상상의 공동체, 대한민국

베네딕트 앤더슨<sup>Benedict Anderson</sup>은 『상상의 공동체』에서 민족과 민족국가의 기원을 설명하면서, 민족이나 국가가 실체가 아니라 상상에 기반한 스토리텔링의 산물이라고 말한다.[1] 즉, 구성원들이 서로 얼굴 한 번 본 적 없는 수많은 사람들과 공동체를 이루고 있다고 믿는 그 '믿음' 자체가 공동체를 가능하게 한다는 것이다. 이러한 관점은 한국 사회에도 그대로 적용된다.

나는 어릴 때 우리나라가 단일 민족이라는 말을 들으며 자랐다. 그러나 반만 년 혹은 그보다 오랜 역사 동안 한반도에는 수많은 민족이 거쳐 갔으며 내 몸에도 남방계와 북방계 등 다양한 혈통이 섞여 있다. 따라서 '단일 민족'이라는 말은 사실이라기보다는 상상적 허구에 가깝다.

'소수의 사람을 일정 기간 속일 수는 있어도, 다수를 오랫동안 혹은 영원히 속일 수는 없다'는 말은 미국의 에이브러햄 링컨 대통령의 발언으로 널리 알려져 있다. 그러나 유발 하라리 Yuval Noah Harari는 인간 역사를 이끌어온 거대한 이야기들이 현실과 가상의 절묘한 조합, 즉 사실과 허구가 엮인 '상상의 질서'라고 보았다.[2)]

단일 민족이라는 용어로 예를 들었듯이, 우리 인류의 역사는 혈통, 민족, 국가, 역사, 세계 공동체 등 다양한 상상의 질서를 만들고, 전파하고, 유지해 온 과정이었다. 내가 태어나고 자란 대한민국도 예외는 아니다. 우리 역시 '상상의 공동체'라는 프레임을 통해 대한민국이라는 국가를 이해할 수 있다.

특히 한국 사회의 역사적 경험과 교육적 실천은 이 상상의 공동체를 형성하는 데 중요한 토대가 되어 왔다. 우리나라는 일찍이 중앙집권적 군주국가의 전통을 지녔기 때문에, 앤더슨이 설명한 유럽의 근대 민족주의와는 다른 방식으로 정치적 공동체 의식이 형성되었다. 하지만 조선 시대의 신분제 사회에서 왕과 양반, 백성, 종들이 지금과 동일한 민족적 또는 국가적 정체성을 공유하고 있었는지는 의문이다.

오늘날의 '대한민국 국민'이라는 시민적 정체성은 오랜 시간에 걸친 의도적이고 비의도적인 사회화 과정을 통해 형성된 것이다. 대표적인 사회화 기관은, 물론 학교이다. 내가 초등학교에 다니던 시절, 교과서 첫 장에는 늘 태극기와 애국가가 실려 있었고, '나라 사랑'이 수업 시간마다 강조되었다. 아침에는 태극기를 올리는 게양식, 저녁에는 내리는 하강식이 있었고, 그 시간마다 우리는 가슴에 손을 얹고 애국심을 다짐하곤 했다. 이러한 의례들은 앤더슨이 말한 '상상의 공동체'에 편입되는 숭고한 통과의례와도 같았다.

　이러한 감정은 일상의 체험 속에서도 문득 모습을 드러낸다. 10여 년 전, 처음으로 백두산 천지를 찾았을 때, 마지막 언덕을 올라 광활하게 펼쳐진 풍경을 마주하며 가슴 깊은 곳에서 뜨거운 감격이 솟구쳤다. 또 「선구자」의 가사에 나오는 '해란강 물줄기가 굽이굽이 흐르는 들판'을 바라보며, 이 땅을 지켜낸 독립운동 선열들을 떠올려 가슴이 뭉클해졌던 기억도 있다. 한 번도 가 본 적 없는 땅이었음에도 말이다. 이처럼 나를 울린 감동은, 교육을 통해 내면화된 상상의 공동체 의식이 내 안에 깊이 뿌리내리고 있음을 보여주는 증거였다.

　이렇듯 감정과 기억을 통해 내면화된 공동체 정체성은 헌법과 그에 기반한 제도들 속에도 명확히 드러나 있다. 우리 헌법은 이 상상의 공동체에 '대한민국'이라는 이름을 부여하고 있다. 개인의 정체성이 이름을 통해 표현되듯, 국가의 정체성 또한 국호를 통해 드러난다. '대한민국'이라는 국호는 구한말 고종 황제로부터 그 기원을 찾을 수 있다. 고종은 1897년 대한제국을 선포하고, 황제권을 중심으로 자주적인 정치 체제를 수립하려 하였다. 1899년 제정된 「대한국국제」에서 국가의 이름을 '대한'으로 명시함으로써 국호가 처음 등장하게 되었다.[3]

　이후 1919년 3·1운동과 그해 4월 수립된 대한민국 임시정부는 「대한민국 임시헌장」 제1조에서 "대한민국은 민주공화제로 한다"고 선언하였다.[4]

# 국가 형태, 민주공화국

한 인간이 어떤 보호자 밑에서 태어나는가는 그의 인생을 크게 좌우한다. 그러나 어떤 나라에서 태어나는가는 인생의 기회와 삶의 질을 더욱 결정적으로 좌우한다. 우리는 이 두 가지 모두를 선택하지 못한 채, 자신의 의지와 무관하게 태어난다. 그런 점에서 전 세계 200개 가까운 나라 중 대한민국에서 태어났다는 것은 분명 나에게 행운이다. 그것도 한반도의 북쪽이 아니라 남쪽에서 태어났다는 것은 생각할수록 감사한 일이다.

그중에서도 대한민국이 '민주공화국'이라는 국가 형태를 가진 나라라는 점은, 우리가 누리는 정치적·사회적 권리들의 출발점이 된다. 고종의 대한제국에서 대한민국으로 국호가 바뀌고, 국가 형태가 민주공화국으로 정립된 과정은 우리 헌법의 핵심 가치와 직접 연결된다. 대한민국 임시정부가 '공화국'을 채택한 것은 역사적 결단이었다. 대한제국에서 대한민국으로의 전환은 전제군주국에서 입헌국가로의 전환이며, 신민(臣民)에서 국민(國民)으로의 변화, 즉 통치의 대상에서 통치의 주체로 나아가는 근본적인 전환을 의미한다.

우리나라의 국가 형태가 군주국에서 공화국으로 바뀌고, 그 내용이 헌법 제1조에 명시되기까지의 과정은 흥미롭고도 의미 있는 주제다. 다음은 그 과정을 〈표 8〉로 정리한 것이다.[5]

<표 8> 민주공화국 조항의 변천

| 헌법안 명칭 | 제정년도 | 민주공화국 국민(인민)주권 내용 |
|---|---|---|
| 대한민국임시헌장 | 1919. 4. 11. 제정 | 제1조 대한민국은 민주공화제로 함. |
| 대한민국임시헌법 | 1919. 9. 11. | 제1조 대한민국은 대한인민으로 조직함. |
| 대한민국임시헌장 | 1925. 4. 7. | 제1조 대한민국은 민주공화국임. |
| 대한민국임시약헌 | 1927. 3. 5. | 제1조 대한민국은 민주공화국이며, 국권은 인민에게 있다. |
| 대한민국임시약헌 | 1940. 10. 9. | 제1조 대한민국의 국권은 국민에게 있되, 광복 완성 전에는 광복운동자 전체에 있다. |
| 대한민국임시헌장 | 1944. 4. 22. | 제1조 대한민국은 민주공화국임. |
| 대한민국헌법 | 1948. 7. 17. 제정 | 제1조 대한민국은 민주공화국이다. |

우리나라의 건국 헌법을 만드는 데 핵심적인 역할을 한 인물은 유진오이다. 그는 헌법 제1조 "대한민국은 민주공화국이다"에 대한 해석도 남겨 놓았다. 그는 '공화국'을 왕이 다스리지 않는 비군주국으로, '민주국'을 권력분립의 원칙이 지켜지는 정치 체제로 설명하였다. 그러나 오늘날 주류 헌법학자들은 '민주공화국'을 나누어 설명하지 않고, 민주공화국 자체를 우리나라의 국가 형태로 본다. '공화국'을 '비민주국'과 구분하는 개념은 근현대 민주주의 국가에서는 사실상 별다른 의미가 없는 것으로 취급해 온 것이다.[6] 그러나 현대 민주주의 국가들이 여러 위기에 직면하면서, '공화국', '공화주의'에 대한 연구는 다시금 중요하게 부각되고 있다.[7]

한편, 제헌 헌법 당시에는 "대한민국의 주권은 국민에게 있다"는 조항이 제2조로 구분되어 있었다. 그러나 현행 헌법은 국가 형태와 주권의 소재를 제1조 1항과 2항으로 통합하여 규정하고 있다. 이 헌법 조항이 의미하는 바는 분명하다. 우리는 공동체의 최종 결정을 내릴 권리를 지닌 국민으로서, 민주공화국이라는 정치 체제 속에서 살아가고 있는 것이다.

물론 헌법은 기본법이자 최고의 법이지만, 스스로를 지킬 수 있는 물리력을 가진 것은 아니다. 이러한 조항이 실질적인 힘을 발휘하려면, 국민이 그것을 믿고 따르며 지키려는 의지가 있어야 한다. 실제로 건국 헌법 이래로 국민주권과 민주공화국이라는 국가 형태가 명시되어 있었음에도 불구하고, 권력자들은 이를 자주 무시해 왔다. 그러나 우리 국민은 헌법의 원리가 침해되는 위기마다 분연히 일어나 싸웠고, 그 과정에서 헌법을 수호하는 자랑스러운 역사를 만들어 왔다.

## 대한민국 헌법 전문 살펴보기

대한민국 헌법은 제정 이후 총 아홉 차례 개정되었다. 이 가운데, 헌법 전문이 변경된 경우는 네 차례에 이른다. 그중에서도 제헌 헌법을 비롯해 민주주의의 시련과 극복과 관련된 주요 시기의 헌법 전문 도입부를 비교하기 위해 <표 9>로 정리해 보았다.

<표 9> 역대 헌법 전문의 도입부 비교

| 시기 | 헌법 전문 앞부분 | 제·개정일 |
|---|---|---|
| 제헌 헌법 | 유구한 역사와 전통에 빛나는 우리들 대한국민은 기미 삼일운동으로 대한민국을 건립하여 세계에 선포한 위대한 독립정신을 계승하여 이제 민주독립국가를 재건함에 있어서 (하략) | 단기 4281(1948)년 7월 12일 |
| 제3공화국 | 유구한 역사와 전통에 빛나는 우리 대한국민은 3·1운동의 숭고한 독립정신과 4·19의거 및 5·16혁명의 이념을 계승하고 조국의 평화적 통일의 역사적 사명에 입각하여 자유민주적 기본질서를 더욱 공고히 하는 새로운 민주공화국을 건설함에 있어서 (하략) | 1972년 11월 24일 |
| 제5공화국 | 유구한 민족사, 빛나는 문화, 그리고 평화애호의 전통을 자랑하는 우리 대한국민은 3·1운동의 숭고한 독립정신을 계승하고 조국의 평화적 통일과 민족중흥의 역사적 사명에 입각한 제5민주공화국의 출발에 즈음하여 (하략) | 1980년 10월 25일 |
| 현행 헌법 | 유구한 역사와 전통에 빛나는 우리 대한국민은 3·1운동으로 건립된 대한민국임시정부의 법통과 불의에 항거한 4·19 민주이념을 계승하고, 조국의 민주개혁과 평화적 통일의 사명에 입각하여 정의·인도와 동포애로써 민족의 단결을 공고히 하고 (하략) | 1987년 10월 29일 |

이를 통해 각 시기마다 헌법 전문에 수록된 역사적 사건이 어떻게 달라지는지를 한눈에 확인할 수 있다. 헌법 전문 역시 특정한 역사 해석을 반영하고 있다는 점에서 주목할 만하다. 헌법 전문에 언급된 역사적 사건들을 보면, 제헌 헌법에는 '기미삼일운동'이 등장하며, 박정희 정권의 제3공화국에서는 '3.1운동', '4.19의거', '5.16혁명'이, 전두환 정권의 제5공화국에서는 '3.1운동'과 '제5공화국의 출발'이 기록되어 있다. 현행 헌

법에는 '3.1운동', '대한민국임시정부', '4.19민주이념'이 명시되어 있다.

이처럼 헌법 전문에 어떤 역사적 사건이 채택되어 기록되었는지를 살펴보는 것만으로도, 당시의 시대적 분위기와 정권의 성격을 가늠해 볼 수 있다. 제헌 헌법에서는 일본 식민지로부터의 독립을 부각시키는 것이 가장 중요했을 것이다. 이어서 1961년 집권한 박정희 정권은 자신의 군사 정변을 '5.16혁명'이라는 이름으로 정당화하고자 했다. 그러면서도 '4.19의거'를 함께 언급한 것은, 이승만의 독재에 저항한 4.19정신을 온전히 부정하기는 어려웠기 때문일 것이다.

1980년 광주민주화운동을 폭력으로 진압한 뒤 등장한 전두환 정권은, '3.1운동'과 '제5공화국의 출발'만을 남기고 그 외 사건들을 헌법 전문에서 삭제함으로써, 해방 이후 민주적 저항의 역사들을 지우고 스스로를 정당화하려 했다.

반면, 전두환 정권을 6월 민주항쟁을 통해 극복하고 탄생한 1987년의 현행 헌법은 '3.1운동', '대한민국임시정부', '4.19민주이념'을 내세움으로써, 헌법 전문에서 권위주의 시대 유산을 지우고 민주주의로의 이행이라는 시대 정신을 반영했다.

1987년 헌법은 이후 약 40년 가까이 우리 사회를 규율하는 기본법이자 최고법으로서의 지위를 유지하고 있다. 그러나 민주화 이후의 민주주의는 순탄하지만은 않았다. 지속적인 위기를 겪어 왔으며, 최근 윤석열 정부의 '12.3 비상계엄 사태'를 계기로 현행 헌법 개정에 대한 사회적 요구도 점점 높아지고 있다. 앞으로 제정될 헌법의 전문에는 과연 어떤 역사적 사건이 담기게 될지 궁금하다.

한편, 지금 언급한 헌법 전문 중에서 내가 태어나 자란 시기와 직접 관련된 헌법은 제3공화국 헌법이다. 나는 1965년에 태어났으며, 1971년에 초등학교에 입학했다. 따라서 나의 초등학교 시절은 제3공화국 헌법에 따라 나라가 운영되던 시기이다. 이 시기의 헌법 제1조는 지금과 달랐다. 그 내용은 다음과 같다.

> 제1조 ① 대한민국은 민주공화국이다. ② 대한민국의 주권은 국민에게 있고, 국민은 그 대표자나 국민투표에 의하여 주권을 행사한다.

우리 헌법에서 "모든 권력은 국민으로부터 나온다"는 표현 대신, "국민은 그 대표자나 국민투표에 의하여 주권을 행사한다"고 명시했던 유일한 시기였다. 유신헌법 체제 아래 박정희 정권의 비민주적 성격을 적나라하게 보여주는 조문이라 할 수 있다.

## 위대한 여정, 새로운 도약?!

「위대한 여정, 새로운 도약」이라는 표어는 우리나라가 광복 70년을 맞이했을 때, 정부가 공식적으로 사용했던 앰블럼이다.[8] 이 표어가 지금도 선명히 기억에 남는 데에는 이유가 있다. 광복 이후 지금까지 이어진 현대사를 '위대한 여정'이라 부를 수 있다는 데에는 충분히 동의하면서도, 과연 '새로운 도약'이 가능할지에 대해서는 깊은 의문이 들었기 때문이다.

먼저 '위대한 여정'에 대해 이야기해 보자. 세간에는 "우리 민족은 국난 극복이 취미인 민족"이라는 말이 유행한다. 강대국의 틈바구니에서 수많은 위기를 맞았지만, 이를 끈질기게 극복해 낸 우리의 역사를 유쾌하게 풍자한 표현이다. 국난 극복이 취미인 나라답게, 우리는 지난 80년 동안 세계 어느 나라도 동시에 이루지 못한 두 가지 커다란 성취를 이뤄냈다. 하나는 눈부신 경제 성장이고, 다른 하나는 민주국가로의 이행이다. 이 두 가지를 모두 성공적으로 달성한 국가는 전 세계적으로도 손에 꼽을 정도다.

이는 결코 우리의 주관적 평가에 그치지 않는다. 한국은 1996년 경제협력개발기구OECD에 가입하였고, 2010년에는 OECD 개발원조위원회DAC의 정식 회원국이 되었다. 원조 수혜국에서 공여국으로 전환한 세계 최초의 사례. 또한 2021년 7월 2일, 유엔무역개발회의UNCTAD는 제68차 무역개발이사회에서 만장일치로 우리나라를 개발도상국에서 선진국으로 공식 전환하기로 결정하였다.[9] 무역개발회의 설립 이후 개발도상국에서 선진국으로 지위를 변경한 첫 사례가 바로 대한민국이다. 이러한 결정은 한국이 세계 10위권 경제 규모를 보유하고, G7 정상회의에도 초청받는 등 국제 무대에서 높아진 위상을 반영한 결과였다.

경제 성장만이 아니다. 정치적 민주주의 또한 괄목할 만한 발전을 이뤘다. 2021년 영국의 경제 분석 기관 이코노미스트 인텔리전스 유닛Economist Intelligence Unit, EIU이 발표한 '민주주의 지수Democracy Index'에서 한국은 167개국 가운데 16위를 기록하였다.[10]

이는 아시아 국가 중에서는 대만에 이어 두 번째이며, 일본보다 높은 순위였다. 윤석열 정부의 비상계엄 선포 직전까지도 한국은 22위권을 유지하며, '완전한 민주주의 국가$^{full\ democracy}$'로 평가받고 있었다.

이 위대한 여정에 대해, 『이코노미스트』의 한국 특파원이었던 다니엘 튜더$^{Daniel\ Tudor}$는 『Korea: The Impossible Country』라는 책을 출간하기도 했다.[11] 그런데 이 책의 한국어 번역판 제목은 『기적을 이룬 나라, 기쁨을 잃은 나라』였고, 나는 오히려 이 번역 제목이 원서 제목보다 더 마음에 깊이 와닿았다. 기적을 이루느라 기쁨을 잃어버린 나라라는 표현은 오늘날 한국 사회를 너무나도 정확하게 상징한다고 생각한다. 수많은 요인이 있겠지만, 무엇보다도 "어떤 수단을 써서라도 남을 이겨야 한다"는 초경쟁적 사회 원리가 초래한 결과가 크다.

산이 높으면 골이 깊다는 말처럼, 초경쟁적 압축 성장의 결과는 수많은 부정적 측면을 한국 사회에 남겨 놓았다. 흔히 '헬조선'이라 불리는 이러한 부정적 현실을 극복하는 데 필요한 것은 단순한 '성장'이 아니라, 진정한 의미의 '새로운 도약'이다.

그러나 아이러니하게도, 기적을 만들어 낸 바로 그 성공의 관성이 전환을 가로막고 있다. 이 상황을 시각적으로 설명하기 위해 나는 우주를 향해 발사되는 다단 로켓을 떠올려 본다. 1단 로켓의 추진력으로 일정한 궤도에 올라선 비행체가 다시 새로운 고도로 상승하기 위해서는, 무거운 1단 로켓을 분리하고 2단 로켓이 작동해야 한다. 그런데 만약 2단 로켓이 제 역할을 하지 못하면, 비행체는 목표를 향해 날아오르지 못하고 지구 중력에 끌려 추락하게 된다.

한국의 눈부신 성공은 살인적인 초경쟁을 연료 삼은 1단 로켓이었다. 그러나 이제는 전혀 다른 연료를 가진 2단 로켓이 필요하다. 이 책에서 다루는 '자존감', '공감', '공화주의', '민주시민교육'은 바로 이 새로운 2단 로켓의 연료이다. 만약 이 새로운 동력이 작동하지 않는다면, 한국 사회는 새로운 도약은커녕, 현재의 성취조차 유지하지 못한 채 퇴행할 위험에 직면할지도 모른다. 그러나 나는 방향 전환을 할 수 있는 힘 또한 우리 안에 있다고 믿는다.

## 라운드 테이블

1. 대한민국을 하나로 묶는 '공통된 이야기'(상상의 공동체 개념)는 무엇이라고 생각하는가? 그 이야기가 당신의 삶과 어떤 방식으로 연결되어 있는지 구체적으로 돌아보자.

2. 대한민국이 '민주공화국'이라는 헌법적 가치를 실현하기 위해, 개인과 공동체가 가장 먼저 실천해야 할 태도나 행동은 무엇이라고 생각하는가?

3. 한국 사회가 경제·정치적 성취 속에서 '기쁨을 잃었다'는 표현에 공감하는가? 그렇다면 진정한 '새로운 도약'을 위해 우리 사회가 바꿔야 할 가치나 문화를 구체적으로 생각해 보자.

4. 대한민국 발전의 과정에서 '초경쟁 사회'가 만든 긍정적·부정적 측면을 각각 적어보고, 특히 부정적인 면을 줄이기 위해 개인과 사회가 어떤 노력이 필요할지 동료들과 함께 나누어 보자.

5. 책에서 말하는 '2단 로켓'(자존감, 공감, 공화주의, 민주시민교육)이 한국 사회의 미래에 어떻게 기여할 수 있다고 보는가? 그리고 개인적으로 더하고 싶은 '새로운 연료'가 있다면 무엇인지 적어 보자.

## 생각과 메모

2장

# 민주화와 민주주의의 공고화

우리나라의 민주주의 수준을 점수로 매긴다면 몇 점이나 될까? 이 질문을 떠올리자, 엉뚱하게도 20대 시절 운전면허 시험을 보던 기억이 났다. 당시나 지금이나 필기시험에 합격하려면 70점 이상을 받아야 한다. 나는 96점을 맞았던 것으로 기억한다. 커트라인만 넘으면 되는 시험에 괜히 과잉 공부를 했나 싶어, 후회 아닌 후회를 했던 기억이 있다. 농담 같은 이야기이다.

그렇다면 어떤 나라가 '민주화되었다'고 판단할 기준점은 어디일까? 운전면허 필기시험처럼 기준점만 넘으면 괜찮은 걸까? 그렇지 않다는 것쯤은 독자 모두가 이미 알고 있을 것이다. 민주주의 점수에서 100점을 받는 나라는 지구상에 존재하지 않는다. 민주주의란 끝없이 지켜내고 발전시켜야 할 험난한 여정이기 때문이다.

## 민주주의 개념의 다의성

'민주주의'라는 말은, 주식시장의 용어를 빌자면 적어도 표면적으로는 초우량주다. 독재자조차 자신을 민주주의자라고 포장해야 할 정도이니 말이다. 많은 나라의 국호에 '민주'라는 말이 포함되어 있으며, 권위주의 국가조차 민주국가라고 주장한다. 이로 인해 '민주주의'라는 개념은 처음부터 모호하고, 어찌 보면 오염된 상태이다.

이러한 민주주의 개념의 다의성은 최근에 나타난 현상이 아니다. 80여 년 전인 1941년 정치학자 카를 베커 Carl Becker는 『현대 민주주의』에서 민주주의의 다의성을 "개념상의 여행용 가방 a kind of conceptual gladstone bag"으로 비유하였다. 그것이 지시하는 대상이 모호하여 약간만 솜씨있게 다루면 독재정치도 그밖의 다른 정치형태도 원하기만 하면 얼마든지 그 속에 쉽게 집어 넣을 수 있다는 것이다.[12]

여기에 더하여 이극찬은 오늘날 민주주의라는 말 앞에 다음과 같이 별의별 수식어가 붙여져서 사용되고 있어 의미의 혼란이 더 심해졌다고 주장한다.[13]

자유민주주의, 사회민주주의, 정치적 또는 경제적 민주주의, 기독교 민주주의, 산업민주주의, 공중민주주의, 대중민주주의, 완전민주주의, 협동적 민주주의, 지도적 민주주의, 계획적 민주주의, 가두민주주의, 주식소유민주주의, 집산주의적 민주주의, 조직민주주의, 기능적 민주주의, 대의제민주주의, 대통령민주주의, 전체적 민주주의, 직접민주주의, 간접민주주의, 1당민주주의, 교도민주주의, 기본민주주의, 행정적 민주주의, 민족적 민주주의, 추장민주주의, 지주민주주의, 교과서민주주의, 식민지말기민주주의, 후견민주주의, 소비에트 민주주의, 인민민주주의, 신민주주의, 진보적 민주주의, 부르조아 민주주의, 프롤레타리아민주주의, 1민주주의, 초민주주의, 인민 투표적 민주주의, 다극공존(연합형 또는 협의)민주주의, 의법적 민주주의, 다원적 민주주의, 참가민주주의, 관객민주주의……

이처럼 민주주의라는 말이 다양한 수식어와 함께 사용되는 이유는, 각기 다른 정치적 의도와 현실을 반영하여 민주주의 개념이 전략적으로 확장되어 왔기 때문이다.

그런데 위에서 언급한 여러 수식어 중, 대한민국에서 금기시되는 단어가 하나 있다. 바로 '인민민주주의'이다. 북한이 인민민주주의를 표방하고 있기 때문이다. 그래서 인민[14]이란 말 자체를 불편해하는 사람들도 있다. 실제로 나 역시 어느 강연에서 '민주주의'를 설명하며 '인민'이라는 단어를 사용했다가 항의를 받은 경험이 있다. 남북 분단이라는 슬픈 현실이 새삼 가슴 아프게 다가왔던 순간이었다.

여하튼 북한 같은 폐쇄적 독재 국가조차 표면적으로는 민주주의를 표방하는 이유는 민주주의가 역사적으로 왕정, 귀족정 등 다른 정치 체제와의 이념 경쟁에서 승리했기 때문이다. 그러나 그것은 어디까지나 이념적 승리일 뿐, 현실은 그렇지 않다. 이러한 간극은 개념적 차원에서도 '진정한' 민주주의가 무엇을 의미하는지 판단하기 어렵게 만든다. 개념의 모호성은 '이름만 내건 허구적 민주주의'의 가능성을 열어주기도 한다. 따라서 어떤 정치 체제를 '민주주의'라 부르기 위해서는, 최소한의 기준이 필요하다.

이에 대해 정치학자 맥아이버MacIver는 1956년 『우리가 지켜야 할 성벽들』에서 민주주의의 진위를 가를 수 있는 다섯 가지 기준을 제시하였다.[15]

(1) 사람들이 정부의 시책에 대해서 자유롭게 또는 전적으로 반대 의사를 표명한다 할지라도, 그 전과 다름없이 심신의 안전을 보장받을 수가 있는가?
(2) 정부의 시책에 반대되는 정책을 표방하는 조직을 자유롭게 조직할 수가 있는가?
(3) 집권당에 대해서 자유롭게 반대 투표를 할 수가 있는가?
(4) 만약 집권당을 반대하는 투표가 대다수를 차지하게 되었을 경우, 그 투표로서 정부를 권력의 자리에서 물러나게 할 수가 있는가?
(5) 그리고 이와 같은 문제를 결정짓는 선거가 일정 기간 또는 일정 조건 하에서 실시될 수 있는 입헌적인 조치가 되어 있는가?

이 다섯 가지 기준이 민주주의의 '충분조건'은 아닐 수 있다. 그러나 나는 여전히, 국민 주권이 보장되는 최소한의 민주주의를 판별하는 데 유효한 지표라고 생각한다. 실제로 이러한 최소 기준을 달성하기는 결코 쉽지 않다. 한 번 달성했다고 해도, 더 많은 권력을 획득하고 유지하고자 하는 정치 세력에 의해 민주주의는 늘 위협받곤 한다.

# 민주주의로의 이행

우리는 학교에서 세계사를 배우며 영국 혁명, 프랑스 혁명, 미국 혁명 등을 접한다. 이들 사건은 서로 다른 역사적 맥락 속에서 발생했지만, 공통적으로는 왕에게 집중되었던 국가 권력을 분산시키고 시민의 자유와 권리를 확보하는 민주주의로의 이행을 의미한다. 물론 민주주의의 기원은 훨씬 더 이전, 고대 그리스의 직접 민주주의 실험에서 찾을 수 있다. 그러나 오늘날 우리가 말하는 근대 민주주의에 결정적인 영향을 미친 사건들은 바로 이 세 혁명이라 할 수 있다.

이후 세계 여러 나라에서 기본권 보장, 국민 주권, 대표 원리, 권력 분립, 선거를 통한 정권 교체 등 민주주의의 핵심 원리와 제도를 정립하고 확산시키며, 민주주의 정치 체제로 이행해 갔다. 물론 그 과정은 결코 순탄하거나 평화롭지 않았다. 많은 경우, 민주주의로의 이행은 기득권 세력과의 치열한 투쟁을 의미했으며, 종종 값비싼 피의 희생을 동반했다. 그리고 민주주의를 향한 인류의 여정은 지금도 여전히 진행 중이다.

매년 영국의 경제 전문지 『이코노미스트 The Economist』는 전 세계 167개국의 민주주의 상태를 조사하여 '국가 민주주의 지수 Democracy Index'를 발표한다.[16] 이 지수는 각국을 완전한 민주주의 Full Democracy, 결함 있는 민주주의 Flawed Democracy, 혼합 체제 Hybrid Regime, 권위주의 체제 Authoritarian Regime 로 분류한다. 평가는 '선거 절차와 다원주의', '시민의 권리', '정부의 기능', '정치 참여', '정치 문화' 등 다섯 개 범주에 걸쳐 세부 지수를 종합하여 이루어진다.

2024년 기준으로 전 세계 평균 민주주의 지수는 5.17점으로, 2023년의 5.23점에서 하락하며 2006년 지수 발표 이후 최저치를 기록했다. '완전한 민주주의'에 해당하는 국가는 21개국에 불과하며, '결함 있는 민주주의'를 포함하면 총 70개국이 해당된다. 반면, 혼합 체제와 권위주의 체제에 속한 국가는 97개국에 이르고, 전 세계 인구의 약 55%가 민주주의 체제 밖에서 살아가고 있다. 이는 민주주의가 여전히 전 지구적 과제로 남아 있음을 보여준다.

권위주의 체제에서 민주주의로의 이행은 단순한 제도 도입이나 형식적인 선거만으로 이루어지지 않는다. 민주화<sup>democratization</sup>는 사회 전반의 구조 변화와 정치 주체들 간의 역동적인 상호작용을 필요로 한다. 정치학자들은 다양한 이론을 통해 민주화의 조건을 제시해 왔으며, 그중 대표적인 조건은 다음과 같다.

① 경제적 발전

정치학자 마틴 립셋<sup>Seymour Martin Lipset</sup>의 근대화 이론에 따르면, 일정 수준 이상의 경제 성장, 산업화, 교육 수준 향상은 중산층의 확대를 가져오며, 이는 민주주의를 수용할 수 있는 사회적 기반을 형성한다.[17] 물론 경제 성장만으로 민주화가 자동적으로 이루어지는 것은 아니며, 경제 성장 자체가 권위주의를 강화하기도 한다.[18] 그럼에도 불구하고, 빈곤과 불평등이 권위주의 체제를 정당화하는 기반이 되기 쉽다는 점은 분명하다.

### ② 시민사회의 성장

정부나 시장 권력에 맞서 목소리를 낼 수 있는 자율적이고 조직화된 시민사회는 민주화의 중요한 조건이다. 노동조합, 종교 단체, 시민단체 등은 권력의 남용을 견제하고 공중의 의사를 제도 정치 영역으로 이끌어 내는 역할을 한다. 시민사회의 성장은 민주주의가 뿌리내릴 수 있는 사회적·문화적 자본을 만들어낸다.

### ③ 정치적 타협과 엘리트 협상

정치학자 기예르모 오도넬Guillermo O'Donnell과 필리프 슈미터Philippe Schmitter의 이행 이론에 따르면, 민주화는 권위주의 엘리트 간의 갈등과 타협, 시민사회의 압박 사이에서 나타나는 절충의 결과이다.[19]

민주화 과정은 선형적이지 않으며, 권위주의 세력 내 온건파와 야권 내 온건파 사이의 협상, 시민사회의 압박 등 복합적 상호작용 속에서 이루어진다. 한국의 민주화 과정도 여러 세력 간의 힘의 관계와 타협의 과정으로 이루어졌다고 볼 수 있다.[20]

### ④ 국제적 환경의 영향

민주화는 한 나라의 내부 사정뿐 아니라 국제 정치 질서와 외부 세력의 영향을 크게 받는다. 냉전 이후 국제사회의 민주주의 규범 강화, 인권 담론의 확대, 경제 제재나 원조 조건 등은 각국의 민주화 과정에 상당한 영향을 미쳤다. 특히 유럽연합EU의 가입 조건이나 국제 원조의 민주적 기준은 민주적 개혁을 유도하는 중요한 요인이 되었다.

⑤ 정치 문화와 민주주의 수용성

민주주의는 단순한 제도적 장치만으로 유지되지 않는다. 시민들이 자유, 평등, 관용, 타협 등 민주주의의 가치를 내면화하고, 참여와 책임의 태도를 일상생활 속에서 실천할 때 비로소 민주주의 제도가 안정적으로 작동할 수 있다.

이러한 조건들은 어느 하나만으로 충분하지 않으며, 상호작용 속에서 복합적으로 작동한다. 또한 국가마다 정치적·역사적 맥락이 다르므로, 민주화의 경로 또한 매우 다양하게 나타난다.

## 민주주의의 공고화

민주주의로의 이행은 시작일 뿐이다. 내가 앞에서 든 비유로 말하자면, 이제 막 운전면허 필기시험에 통과한 상태라고 해야 할까? 그것과 실제 운전을 잘하는 것은 별개의 문제다. 권위주의 체제에서 선거를 도입하고 일정한 자유를 허용한다고 해서 곧바로 안정적이고 성숙한 민주주의가 정착되는 것은 아니다. 학자들도 이 점을 잘 알고 있기 때문에 민주주의 이행과 민주주의 공고화를 구분하여 다룬다.[21] 민주주의의 공고화 consolidation란 이행된 민주주의가 다시 권위주의로 퇴행하지 않도록 뿌리를 내리고, 제도와 문화 속에 안정적으로 정착하는 과정을 의미한다.

이 분야의 대표적인 학자들인 후안 린츠$^{Juan\ J.\ Linz}$와 알프레드 스테판$^{Alfred\ Stepan}$의 논의를 통해, 민주주의의 공고화의 조건을 살펴보자. 이들은 명료성을 위해서 넓은 의미보다는 좁은 의미로 민주주의의 공고화를 정의한다. 그것은 행위$^{behavioral}$, 태도$^{attitudinal}$, 헌정$^{constitutional}$ 이라는 세 차원을 결합한 정의이다. 본질적으로 '공고화된 민주주의'란 이 세 가지 차원에서 '민주주의만이 유일한 게임'으로 받아들여지는 체제를 의미한다.

행위적 차원에서는 어떤 주요 정치 세력도 더 이상 민주주의를 전복하려 하거나, 국가로부터의 분리·독립을 위해 국내외 폭력을 선동하지 않는 상태를 뜻한다. 이 경우, 새롭게 구성된 민주 정부는 더 이상 '민주주의가 무너질지 모른다'는 걱정 속에서 움직이지 않게 된다.

태도적 차원에서는 정치적·경제적 위기 속에서도 압도적인 다수의 시민들이 정치적 변화는 오직 민주주의적 절차 내에서만 이루어져야 한다고 믿는 상태를 의미한다.

헌정적 차원에서는 정치 체제 내 모든 행위자가 갈등을 정해진 규범에 따라 해결하는 데 익숙해지고, 이러한 규범을 위반하는 것이 효과도 없고 비용도 크다는 점을 인식하게 되는 상태를 말한다.

린츠와 스테판은 민주주의 전환이 완료된 이후에도 민주주의가 공고화되기 위해서는 여전히 많은 과제들이 수행되어야 하며 필요한 조건들이 구축되고 정치적 태도와 습관이 자리 잡아야 한다고 보았다.[22] 한편 정치학자 안드레아스 셰들러$^{Andreas\ Schedler}$는 '민주주의의 공고화'라는 개념이 점점 더 확장되면서 이제는 그 의미를 알기 어려울 정도로 모호해졌다는 점을 우려한다.[23] 원래 '민주주의 공고화'라는 개념은 새로운 민주주의를 안정적으로 정착시키고, 권위주의로의 회귀를 막으며, 미래의 역류reverse wave에 대한 방벽을 구축하려고 만들어진 용어였다. 앞에서도 언급했듯이, 민주주의가 '유일한 게임'이 되게 하려는 것이 핵심이었다. 그러나 시간이 흐르면서, 이 본래의 임무 외에 수많은 과제들이 덧붙여지기 시작했다.

그 결과, '민주주의 공고화의 문제들'과 이에 상응하는 '공고화의 조건들'의 목록은 본래의 의미를 알아보기 어려울 정도로 확장되었다. 이제 이 개념은 국민적 정당성 확보, 민주적 가치의 확산, 반체제 행위자의 무력화, 군에 대한 민간 통제, 권위주의 잔재 제거, 정당 조직화, 이익집단 체계 구축, 선거 규칙의 안정화, 정치의 일상화, 권력의 분권화, 직접 민주주의 제도의 도입, 사법 개혁, 빈곤 완화, 경제 안정화 등 매우 다양한 항목들을 포함하게 되었다.

오늘날에 이르러 이 개념은 각자 마음대로 사용하는 용어가 되었고, 이 용어가 타인에게 어떤 의미로 받아들여지는지 누구도 확신할 수 없는 상태에 이르렀다.

그럼에도 불구하고, 나는 민주주의의 최소 기준과 민주주의의 공고화를 명확히 구분하고, 민주주의를 더 발전시키기 위한 학문적·실천적 노력이 필연적이라고 본다. 민주주의 공고화를 주장하는 학자들이 공통적으로 지적하듯, 민주주의를 '정착시키는 것'뿐만 아니라 '지속가능하게 운영하는 것'도 그에 못지않게 어렵다는 사실이 점점 분명해지고 있기 때문이다.

대표적으로 200년 넘는 민주주의 역사를 지닌 미국조차 양당 정치의 대립과 사회·경제적 양극화가 심화되면서 민주주의의 위기에 직면하고 있다. 미국의 정치학자 스티븐 레비츠키Steven Levitsky와 대니얼 지블랫Daniel Ziblatt은 『어떻게 민주주의는 무너지는가』에서, 트럼프 등장으로 인한 미국 민주주의의 위기 문제를 집중적으로 다룬다.[24] 이들에 따르면, 트럼프는 민주주의 규범에 대한 거부, 정치 경쟁자에 대한 부정, 폭력의 조장 또는 묵인, 언론과 정치 경쟁자의 기본권 억압 시도 등 네 가지 전제주의적 신호를 모두 보인 인물이다. 미국 역사에서 이러한 전제주의적 성향의 지도자가 대통령 자리에 오른 것은, 사실상 최초의 사례라고 이들은 진단한다.

한국의 경우도 1987년 민주화 이후 다양한 민주적 제도를 정착시켜 왔지만, 정치 양극화, 대통령의 직권 남용, 사법 권력의 정치화, 언론의 왜곡과 포퓰리즘, 공정성 담론의 정치적 이용 등은 민주주의의 공고화를 위협하는 요소로 지속되고 있다. 최근 윤석열 대통령의 비상계엄 선포는, 한국 민주주의가 단 한 번의 정치적 결정으로 수십 년을 후퇴할 수 있는 위험성을 보여주었다.

또한 디지털 기술의 발달로 정보 생태계가 급변하면서 민주주의에 대한 신뢰 역시 위협받고 있다. 알고리즘, 가짜 뉴스, 정치적 혐오를 유도하는 온라인 플랫폼은 시민들의 분열과 감정적 동원을 부추기며, '관객 민주주의spectator democracy' 혹은 '분노 민주주의democracy of resentment'라는 새로운 도전 과제를 만들어내고 있다.

이러한 위협들 속에서 민주주의를 공고화하기 위한 최소한의 핵심 과제는 다음과 같다.

① 정치 제도에 대한 실질적 신뢰 회복

　선거와 정당, 국회와 정부 기관에 대한 시민들의 신뢰는 민주주의 공고화의 출발점이다.

② 공적 담론과 언론의 책임성 강화

　표현의 자유를 지키되, 책임 있는 보도와 혐오·허위 정보 차단을 위한 시민적 감시와 교육이 병행되어야 한다.

③ 정치 교육과 시민의식 고양

　민주주의는 제도만으로 유지되지 않는다. 학교와 지역사회, 미디어를 통한 시민 교육의 강화가 필수적이다.

④ 사법·행정 권력의 중립성과 책무성 확보

　법과 제도는 시민의 신뢰를 바탕으로 작동해야 하며, 공무원의 정치적 중립성과 전문성 또한 민주주의의 기반이다.

　민주주의의 공고화는 단지 '체제 유지'가 아니라, 끊임없는 자기 성찰과 시민들의 지속적인 참여 및 경계를 통해 지속적으로 나아가는 살아있는 과정이다.

## 라운드 테이블

1. 민주주의를 "여행용 가방"에 비유한 카를 베커의 설명에 비추어 볼 때, 지금 한국 사회에서 민주주의가 담고 있는 가장 중요한 가치와 오히려 불필요하거나 왜곡된 요소는 무엇이라고 생각하는가?

2. 당신이 스스로 대한민국의 민주주의 점수를 매긴다면 몇 점을 주겠는가? 그 이유와 그 점수를 더 높이기 위해 개인적으로 또는 사회적으로 어떤 노력이 필요하다고 생각하는지 동료들과 함께 나누어 보자.

3. 린츠와 스테판이 말한 민주주의 공고화의 세 차원(행위, 태도, 헌정) 중 현재 한국 사회가 가장 취약하다고 느끼는 부분은 어디인가? 그 이유와 개선을 위한 방안을 구체적으로 생각해 보자.

4. '관객 민주주의' 혹은 '분노 민주주의'라는 새로운 도전에 직면한 시대에 당신이 일상에서 바로 실천할 수 있는 민주적 태도나 행동은 무엇인가? 그리고 그것이 주변에 어떤 변화를 가져올 수 있을지 상상해 보자.

5. 트럼프 사례 등 세계 민주주의의 후퇴 경향이 한국 사회에 주는 경고는 무엇이라고 생각하는가? 이런 위험을 막기 위해 시민으로서 구체적으로 할 수 있는 역할을 적어 보자.

생각과 메모

3장

# 12.3 비상계엄 이후 한국 민주주의의 위기

　나는 12.3 비상계엄이 선포된 날 새벽 2시 국회 앞에 있었다. 사실 더 일찍 현장으로 가고 싶었다. 하지만 TV를 통해 실시간으로 전개되는 급박한 상황에서 눈을 뗄 수 없었고, 결국 국회의장이 계엄 해제를 선포한 후에야 차를 몰아 국회로 향했다.

　왜 나는 그렇게 절실하게 달려가고 싶었던 걸까? 우리 역사를 50년 전으로 되돌리려는 시도가 믿기지 않아서, 그 현장을 직접 확인하고 싶어서였을까? 혹시 다시 계엄군이 투입된다면, 한 사람의 시민으로서 몸으로 막아내기 위함이었을까? 아니면 역사의 현장을 목격하고자 하는 학자의 마음이었을까? 혹은 엄혹했던 대학 시절, 열심히 투쟁하고 고문당

했던 친구들에 대한 미안함 때문이었을까? 어쩌면 이 모든 감정과 생각이 복합적으로 밀려든 것이었는지도 모른다.

그 후에도 헌법재판소의 탄핵 결정이 날 때까지 여러 집회 현장에 참여했다. 특히, 충북비상시국회의 공동대표 자격으로 충북도청 앞에서 열리는 행사에는 가능하면 빠지지 않으려 노력했다. 살을 에는 듯한 한겨울의 추위 속에서도 자리를 지킨 시민들, 그리고 그들이 만들어 낸 광장의 풍경과 이야기들은 지금도 가슴 깊이 남아 있다.

헌법재판소의 판결이 내려진 날, 우리는 다시 충북도청 광장 앞에 모였다. 그렇게 오랜 시간 기다려, 단 한 문장을 듣기 위해서였다. 문형배 헌법재판관이 판결문을 읽어 내려갈 때마다 광장은 박수와 환호로 뒤덮였다. 그리고 마지막 주문이 낭독되는 순간, 나의 눈에는 뜨거운 눈물이 흘렀다. 몇몇 언론사에서 소감을 묻자, "민주주의가 승리했습니다. 감사합니다"라는 말 외에는 더 이상 말을 잇지 못했다.

## 비상계엄 원인 분석의 여러 차원

민주주의가 이미 뿌리내렸다고 여겨졌던 한국에서, 일반 시민들은 상상조차 하지 못했던 12.3 비상계엄이 어떻게 발생할 수 있었을까? 비상계엄이라는 극단적인 상황이 아니더라도, 한국 사회의 분열과 갈등이 점점 심각해지고 있다는 경고는 오래전부터 이어져 왔다. 이번 사태는 단순한 일탈로 치부할 수 없는 사회구조적 문제를 다시 직시하게 만든다. 우리는 이 위기를 단순한 일회적 우발 사건으로 여기지 않고, 한국 민주주의를 더욱 깊이 성찰하고 더 단단한 반석 위에 올려놓는 전화위복의 계기로 삼아야 한다.

예상조차 하지 못했던 비상계엄과 그 이후 4개월 가까이 이어진 극우 세력의 비민주적이고 비정상적인 행동은 어떻게 설명할 수 있을까? 비상계엄 선포 자체만 놓고 본다면, 윤석열 대통령 개인과 소수 측근들의 비정상적 판단이 중요한 요인으로 보인다. 그러나 그 이후 지속된 국민의힘과 보수 세력의 집단적이고 지속적인 비상식적 대응을 설명하기 위해서는, 개인의 특성을 넘어서는 보다 심층적인 분석이 필요하다.

흔히 사회학에서는 사건을 분석할 때 미시적 분석, 중범위 분석, 거시적 분석이라는 차원으로 나눈다.[25]

- 미시적 분석은 개인, 개별 행위자, 사건의 동기와 행동을 중심으로 한다.
- 중범위 분석은 조직, 집단, 네트워크, 제도 수준에서의 상호작용을 분석한다.
- 거시적 분석은 국가 구조, 이데올로기, 경제 시스템, 세계적 흐름 등 장기적이고 구조적인 변수를 다룬다.

예를 들어, 명태균 스캔들로 인해 위기를 느낀 윤석열 부부가 이를 모면하기 위해 비상계엄을 도모했다는 설명은 미시적 분석에 해당한다. 극우 유튜브 생태계의 성장과 정치적 영향력, 보수 개신교(예: 사랑제일교회)의 조직화와 정치 참여, 국민의힘과 민주당 내부의 계파 소멸과 당내 민주주의 약화, 강성 당원에 의한 정당 포획 현상 등은 중범위 분석이 필요한 영역이다. 반면, 미국 트럼프의 재등장, 전 세계 민주주의의 후퇴, 글로벌 우익 포퓰리즘의 득세 등이 한국에 영향을 미쳤다는 해석은 거시적 분석에 가깝다.

이런 내용을 분석 차원별로 정리하면 <표 10>과 같다. 한국 민주주의의 위기를 정확히 진단하기 위해서는 이러한 다차원적 접근이 필요하다. 물론 모든 차원을 아우르는 세밀한 분석 작업은 전문 연구자들이 맡아야 한다. 여기서는 내가 관심을 두고 있는 중범위 분석 수준에서 나타난 몇 가지 문제를 중심으로 살펴보고자 한다.

특히 이번 윤석열 탄핵 과정이 8년 전 박근혜 탄핵 과정과 왜 이렇게 달랐는지를 중심 질문으로 삼아 세 가지 주제를 다루려 한다.

<표 10> 비상계엄 발생 원인의 분석 차원별 정리

| 분석 차원 | 주요 내용 | 구체적 사례 |
|---|---|---|
| 미시적 분석 | 개인 또는 개별 행위자의 심리, 동기, 이해관계 등 | • 윤석열 대통령과 배우자의 명태균 스캔들로 인한 위기감<br>• 대통령의 비정상적인 정치 성향과 독단적 리더십 |
| 중범위 분석 | 집단, 조직, 제도 수준에서의 상호작용과 구조 | • 극우 유튜브 생태계의 성장과 정치 동원<br>• 보수 개신교(예: 사랑제일교회)의 정치 개입<br>• 양당 내 계파 소멸과 당내 민주주의 붕괴<br>• 강성 당원에 의한 정당 포획 현상 |
| 거시적 분석 | 국내외 구조, 이데올로기, 경제 시스템 등 장기 흐름 | • 글로벌 우익 포퓰리즘 확산 (예: 트럼프의 재등장)<br>• 민주주의 후퇴의 세계적 경향<br>• 양극화·불평등 심화, 청년층의 상대적 박탈감<br>• 고물가·고금리·경기 침체 등 누적된 경제 위기로 인한 사회 불만의 누적 |

# 보수와 진보의 대결인가, 적대의 제도화인가[26]

8년 전과 달리, 정치 갈등이 상호 견제를 넘어 전면적인 적대와 배제의 양상으로 변질된 과정을 살펴보고자 한다. 박근혜 대통령 탄핵 이후 지난 8년간의 정치 상황 변화를 간략히 정리하면 <표 11>과 같다. 이 표는 최근 한국 정치의 갈등 구조가 점진적으로 경쟁에서 적대의 구조로 변모해 온 과정을 암묵적으로 보여준다.

<표 11> 박근혜 대통령 탄핵 이후 정치 상황 변화

| 시기 | 사건 | 주요 특징 |
|---|---|---|
| 2016~2017 | 촛불혁명, 박근혜 탄핵 | 시민 주도의 평화적 민주주의 운동, 대의민주주의에 대한 신뢰 회복 |
| 2017~2022 | 문재인 정부 시기 | 검찰·언론·재벌개혁 추진, 보수와 진보의 갈등 지속 |
| 2022~2024 | 윤석열 정부 출범 후 갈등 심화 | 권위주의적인 국정 운영에 대한 비판, 더불어민주당 과반 국회와의 갈등, '반지성주의', '비상계엄 검토 문건' 논란 |
| 2024.12.3 | 비상계엄 | 윤석열 대통령의 비상계엄 선포 및 국회의 해제 결의 |
| 2025~현재 | 탄핵 인용, 대전환 국면 | 민주주의 회복 노력과 반격 사이의 긴장, 헌법재판소의 탄핵 인용, 민주주의 회복과 새정부 탄생 |

일찍이 루소는 '일반의지' 개념에 비추어 정당의 한계에 대해 부정적 견해를 밝힌 바 있다.[27] 그는 정당이 국민 전체의 이익을 대변하지 못하고 분파적 이해에 머무를 위험성을 경고했다. 이러한 본질적 한계와 나치당의 출현과 같은 수많은 역사적 오류를 극복하고, 현대의 정당 정치는 폭력에 의존하지 않고 헌법과 법률의 한계 내에서 공존하는 방향으로 진화해 왔다.

현대 정치는 상호 공존을 전제로 한 제도적 경합이다. 이는 서로의 대립을 대화와 정치적 토론을 통해 평화적으로 해결하려는 문명적인 행위이며, 이러한 합의 절차가 잘 작동할 때 루소가 우려했던 집단 이기주의를 넘어 '일반의지'로 수렴하는 길이 열린다. 정치가 공동체의 이익을 증진하고 국민의 삶을 개선하는 '축제'이자 '예술'로 승화될 수 있는 까닭도 여기에 있다.

그러나 비상계엄에 대한 옹호는 폭력의 정치 복귀를 의미하며, 정치의 본질을 심각하게 훼손하는 일이다. 윤석열의 국민의힘은 정당(政黨)으로서 지켜야 할 민주주의의 최소한의 원칙마저 무너뜨렸다. 이러한 국민의힘과 보수 세력의 대응은 체제 내 평화적 경합의 규칙을 위반하며, 정치학자 카를 슈미트Carl Schmitt가 말한 '적과 동지를 구분하는 것'에 가까워졌다.[28]

지난 8년 동안 한국 정치는 보수-진보, 진영-진영 간의 적대적 대립 구도가 지속되었다. 윤석열 정부는 야당·언론·시민단체를 '적'으로 간주하며, 법치와 안보를 명분 삼아 배제를 시도했다. 이에 대한 시민사회의 대응도 '저항과 응징' 중심으로 강화되면서, 결국 정치는 정책과 타협의 장이 아니라 생존을 건 투쟁의 장으로 변모하였다.

촛불혁명은 원래 사회적 갈등을 '적대antagonism'가 아니라 '정치적 경합agonism'으로 제도화할 수 있다는 가능성을 보여준 상징적 사건이었다.[29] 수백만의 자발적 참여, 비폭력적 시위 문화, 입헌적 절차의 존중 등은 민주주의의 성숙을 보여주는 증거였다. 그러나 양극화와 정치적 대립이 심화되면서, 민주주의를 상징하던 광장마저도 '태극기 부대'와 '촛불시민'으로 분리되어, 민주주의의 순기능을 넘어 오히려 적대를 강화하는 역기능을 수행하게 되었다.

이처럼 적대적인 정당, 갈라진 광장과 시민사회, 양극화된 정치 문화로 인해 정치적 경합의 제도화는 후퇴했다. 정치는 다시 적대의 정치로 회귀하였고, 그 결과가 바로 시대착오적인 비상계엄과 비극적인 탄핵 사건의 재현으로 나타난 것이다.

## 정당 민주주의의 후퇴

김영삼, 김대중이 정치인으로 활약하던 시대에는 정당 대표를 '총재' 또는 '당수'라고 불렀다. 이들은 공천권뿐 아니라 당의 재정까지도 막강하게 장악하고 있었다. 이는 민주화 과정에서 권위주의적 정권에 대항하기 위한 전략적 대응이었다는 점에서 일정 부분 불가피했지만, 정당의 민주적 운영이라는 관점에서는 극복되어야 할 체제였다. 많은 정치학 교과서들은 명망가 정당(지도자의 개인적 명망에 의존하는 정당)에서 대중 정당으로의 이행을 정당 민주화의 주요 방향으로 제시해 왔다.

이후 한국의 정당 운영은 우여곡절 끝에 점차 대중 정당의 방향으로 나아가기 시작했다. 그 첫 번째 모범은 진성 당원 중심으로 운영된 진보 계열 정당에서 나타났다. 이후 거대 양당 역시 당원 중심의 대중 정당 모델을 채택하기 시작했으며, 특히 최근 몇 년 사이, 민주당과 국민의힘의 당원 수는 눈에 띄게 증가했다.

그러나 역설적으로, 대중 정당으로의 이행은 민주주의의 진전을 의미함과 동시에 새로운 위험도 내포하게 되었다. 당원 가입 절차는 매우 간소하고, 당원으로서 감당해야 할 책임과 의무는 상대적으로 미약하다. 반면, 미디어와 소셜 네트워크의 발달로 인해 당원들은 국회의원에게 직접적 압력을 행사할 수 있는 통로를 확보하게 되었다. 이로 인해, 소수의 영향력 있는 집단이 정당의 방향과 결정을 사실상 좌지우지하는 '정당 포획' 현상이 나타나고 있다. 하루에도 수천, 수만 통의 항의 문자나 압박 메시지가 의원들에게 전달되는 일이 가능해지면서, 국회의원은 자율적 입법자이자 국익의 대표자로서의 역할을 수행하기가 점점 더 어려워지고 있다.

정당은 본질적으로 특정한 정치적 지향을 가진 집단이다. 그러나 민심과 지나치게 괴리되거나, 극단적 파당성이 정당 전체를 장악하는 경우, 특정 집단의 이해가 국민 전체의 이익과 충돌하는 사태가 발생한다. 이러한 문제가 구조적으로 고착되는 배경에는 한국의 거대 양당제 구조가 있다. 최장집은 『민주화 이후의 민주주의』에서, 다수의 유권자들이 실질적으로 대표되지 않으며 이들의 의견을 대변할 수 있는 의미 있는 정

당의 부재를 지적한 바 있다.[30]

거대 양당제는 평화로운 공존과 경합을 넘어, 적대의 제도화 수준으로 민주주의를 위기에 빠뜨릴 수 있다. 이를 해결하기 위한 방안으로 중대선거구제 도입, 비례대표 의석 확대, 교섭단체 요건 완화 등이 꾸준히 논의되어 왔지만, 기존 정당들의 저항에 부딪혀 번번이 무산되었다.[31]

물론 이번 사태에 대해 양당 모두에게 동일한 책임을 물을 수는 없다. 특히 국민의힘은 민주적 게임의 규칙 자체를 전복하려 한 윤석열 대통령과의 거리두기에 실패함으로써, 전체 국민을 극우 정권의 위협 속에 방치하는 결과를 초래했다. 국민의힘은 이에 대해 통렬한 반성과 근본적 혁신을 해야 한다. 더불어민주당 또한 내부의 다양한 목소리를 이견으로 간주하고 억압하는 비민주적 경향을 경계하며, 정당 내부의 민주성을 강화할 필요가 있다.

또한, 학교 교육에서도 정당과 민주주의를 실질적으로 다루는 수업이 필요하며, 정치적 맥락 속에서 살아 있는 민주주의를 가르치는 교육이 강조되어야 한다. 아울러, 검찰과 판사 등 법조인 출신이 정치권에서 과도하게 대표되는 현상에 대해서도 적절한 제한과 균형 장치가 모색되어야 할 것이다.

## 유튜브 정치와 정치 양극화

　오늘날 유튜브를 비롯한 SNS는 여론 형성에 지대한 영향을 미치고 있다. 시민들이 자발적으로 국회 앞으로 모여서 12.3 비상계엄을 온몸으로 막아내는 데에도, SNS를 통한 사회적 연결망이 큰 역할을 했다. 그러나 SNS가 민주주의에 항상 긍정적으로 작용하는 것은 아니다.

　전통적인 미디어가 편집과 사실 확인이라는 과정을 거친 '조율된 정보'를 전달하는 매체였다면, SNS는 사용자 개개인이 실시간으로 정보를 생성하고 공유하는 '비조율된 정보'의 네트워크로 기능한다. 이로 인해 가짜 뉴스와 허위 정보의 유통, 혐오와 정치적 양극화의 증폭이라는 부작용이 나타나고 있으며, 12.3 비상계엄 이후 대통령 파면에 이르기까지 이러한 정보 왜곡의 메커니즘이 중요한 배경으로 작용했다. 이는 한국에만 국한된 현상이 아니라, 오늘날 세계 민주주의가 공통으로 직면한 구조적 위협이다. 초기에는 SNS와 디지털 미디어가 민주주의 확장의 도구로 기대되었으나, 점차 그 한계와 위험성이 드러나며 회의론이 대두되었다. SNS의 대중화가 민주주의에 실제로 어떤 영향을 미치는지를 이해하기 위해, 재스민 혁명과 그 이후 아랍 지역 상황을 간략히 검토할 필요가 있다.

　1990년대 중반 인터넷이 대중화되기 시작했고, 2000년대 들어 블로그, 페이스북, 트위터, 유튜브 등의 SNS가 등장했다. 특히 2007년 아이폰

출시 이후, 사회적 연결망은 모바일 환경으로 확장되며 실시간 정보 공유와 상시적 정치 참여가 가능해졌다. 많은 사람들은 이 새로운 기술 환경이 민주주의를 촉진할 것으로 기대했다.

2010년 튀니지에서 시작된 재스민 혁명은 이러한 기대를 상징하는 대표적 사건이었다. '페이스북 혁명', '트위터 혁명'으로 불리며, 정보 통제가 가능한 권위주의 정권 아래서도 디지털 기술이 저항과 시민 연대를 가능하게 한다는 희망의 신호로 간주되었다. 그러나 이후 이집트, 리비아, 시리아 등으로 확산된 '아랍의 봄'은 민주주의의 정착보다는 좌절로 이어진 사례가 많았다. SNS는 독재자를 무너뜨리는 데에는 기여했지만, 제도적 기반과 시민사회가 충분히 형성되지 않은 상황에서는 권력 공백이 혼란과 갈등을 낳았고, 군부나 종교 세력과 같은 비민주적 권력의 복귀로 이어지기도 했다. 즉, 재스민 혁명은 디지털 연결망이 저항의 촉매가 될 수는 있지만, 지속 가능한 민주주의는 제도, 문화, 시민사회의 토대 없이 이루어질 수 없다는 교훈을 우리에게 남겼다.[32]

이러한 경험은 사회적 연결망이 극도로 발달한 한국 사회에서도 유사하게 반복되고 있다. SNS가 민주주의를 확장할 가능성을 열어줄 것이라는 초기 기대는, 이제 오히려 민주주의의 위기를 심화시키는 부작용으로 더 자주 언급된다. 특히 많은 사람들이 전통 언론보다 유튜브를 통해 뉴스를 접하는 상황에서, 정치 유튜브 채널 다수가 강한 정파성을 띠고 있으며, 건설적 비판보다는 갈등 조장과 음모론 확산에 집중하는 경향이 뚜렷하다.

한국에서 정치 유튜브가 본격화된 시기는 2016년 박근혜 대통령 탄핵 정국 전후였다. 이후 보수 진영은 박근혜 탄핵에 대한 반발로 대거 유튜브에 진출했고, 진보 진영 또한 라디오나 팟캐스트에서 유튜브로 활동 무대를 옮겼다. 2020년 이후 유튜브는 정치 논쟁, 내부 고발, 검찰이나 정치권에 대한 비판 등에서 대안 언론을 자처하며 여론전을 주도하는 공간이 되었다. 그러나 기존 언론과 달리 유튜브는 상대적으로 법적·윤리적 규제가 느슨하고, 수익 창출을 위한 경쟁이 치열한 구조 속에서 자극적인 콘텐츠와 허위 정보가 확산되기 쉬운 환경을 만들어냈다. 12.3 비상계엄 이후의 정치적 대립 국면에서도 정파적 유튜브 채널에 대한 대중의 신뢰와 의존이 여론의 양극화에 결정적인 영향을 미쳤다.

이것은 유튜브만의 문제가 아니다. 많은 사람들이 참여하는 카카오톡 단톡방 등에서도 정치적 견해 차이는 쉽게 적대적 논쟁으로 이어지고, 다수와 다른 입장을 견지하는 사람은 소외되거나 방을 떠나는 일이 흔하다. 이는 사회를 점점 '같은 생각만 공유하는 사람들만의 섬'으로 분절시킨다. 심지어 시민단체 단톡방과 같이 민주주의를 지향하는 공간에서도 유사한 현상이 나타나고 있다.

이러한 SNS 기반의 정치 정보 소비 방식은 공론장을 확장하기보다는, 오히려 각자의 믿음을 강화시키는 정보만을 선택적으로 접하게 하는 '필터 버블' 환경을 조장하고 있다. 그 결과, 민주주의의 핵심 가치인 상호 신뢰와 대화 가능성은 약화되고 있다. 이처럼 일상에 뿌리내린 디지털 문화는 민주주의의 성숙을 저해하는 중대한 구조적 장애 요인이 될 수 있다.

종합적으로 중범위 이론 mid-range theory의 관점에서 보면, 8년 전 박근혜 탄핵과 현재 윤석열 대통령 탄핵 과정은 정치적 양상에서 뚜렷한 차이를 보인다. 이러한 차이는 단순한 정치 지형의 변화라기보다는, 정당민주주의의 후퇴, 적대의 제도화, 유튜브와 SNS를 통한 정치적 양극화 심화 등의 복합적 요인이 중첩된 결과로 이해할 수 있다. 다만, 이 글은 중범위 분석에 초점을 두었으며, 미시적·거시적 관점이 결합될 때 비로소 보다 입체적인 설명이 가능해질 것이다.

## 라운드 테이블

1. 12.3 비상계엄 사태는 한국 민주주의의 어떤 구조적 약점을 드러냈다고 생각하는가? 이를 단순한 정치 실패가 아니라 사회 전반의 문제로 본다면, 핵심 원인을 어떻게 진단할 수 있을지 구체적으로 적어 보자.

2. 책에서 제시된 '미시적·중범위·거시적 분석' 관점 중, 당신은 이번 사태를 어떤 차원에서 가장 우선적으로 이해해야 한다고 보는가? 그 이유를 함께 적어 보자.

3. '정치의 적대화'와 '경합화' 개념을 비교하면서, 당신이 생각하는 건강한 민주주의의 갈등 해결 방식은 어떤 모습이어야 하는지 구체적으로 설명해 보자.

4. SNS와 유튜브가 민주주의를 확장하면서도 동시에 위협하는 현상에 대해, 성숙한 디지털 민주주의 문화를 위해 개인적 혹은 집단적으로 실천할 수 있는 방안을 동료들과 함께 나누어 보자.

5. 민주주의 위기 상황에서 한 사람의 시민으로서 당신이 끝까지 지켜야 할 '마지막 선'은 무엇이라고 생각하는가? 그리고 그 이유는 무엇인가?

**생각과 메모**

## 4장

# 자유민주주의와 공화민주주의

한국의 민주주의는 윤석열 정부의 12.3 비상계엄이라는 위기를 시민의 힘으로 극복했다. 그리고 순조로운 선거 과정을 거쳐 새로운 대통령이 선출되었다. 새로운 정부는 과연 더 새로운 대한민국을 열어 갈 수 있을까? 그렇게 되기를 간절히 바라고 희망한다. 그러나 이는 단지 정부와 관료의 몫만은 아니다. 모든 시민의 집합적 성찰과 실천이 함께할 때 비로소 가능한 일이다.

이러한 맥락에서 최근에는 '87체제를 넘어서자'는 담론이 활발히 제기되고 있다. 혹자는 이를 정권 교체를 넘어 사회 대전환을 이루자는 요구로 표현하기도 한다. 새 정권의 임기 중 헌법 개정 가능성도 거론되고 있는 가운데, 그동안 우리 사회 다수가 익숙하거나 어쩔 수 없이 받아들여야 했던 자유민주주의적 질서를 넘어서는 새로운 민주주의에 대한 상상력이 요구되고 있다.

대안으로 다양한 민주주의 이론이 논의되고 있지만, 특히 양극화 해소, 정치 혐오와 냉소의 극복, 시민 참여의 활성화라는 과제를 고려할 때 공화민주주의에 대한 재조명이 필요하다. 이에 따라 이 절에서는 자유민주주의와 공화민주주의의 개념을 살펴보고, 양자의 차이점과 접점을 탐색하며, 연계 가능성을 조망하고자 한다. 이는 현재의 위기를 넘어 공동체적 덕성과 성찰적 참여를 중시하는 새로운 민주주의 질서가 필요하다는 문제의식이기도 하다.

## 자유민주주의

민주주의는 다양한 의미를 지닌다. 그 이유는 민주주의가 여러 사상과 결합할 수 있기 때문이다. 그중 가장 대표적인 것이 자유주의와의 결합이다. 자유민주주의 liberal democracy는 자유주의 liberalism와 민주주의 democracy라는 지향하는 가치와 역사적 배경이 서로 다른 두 정치 이념이 자본주의 사회의 특정 발전 단계에서 결합하여 형성된 정치 이념이다.[33]

그러나 이러한 결합은 서구의 역사적 경험을 바탕으로 형성된 것이다. 그런 역사적 경험이 없는 한국에서는 자유민주주의가 애초부터 통합된 개념으로 받아들여지는 경우가 많다. 특히 북한의 인민민주주의와의 비교를 통해 우월성을 강조하는 식의 수용이 일반적이며,[34] 자유민주주의를 민주주의의 가장 바람직한 형태로 여기는 경향도 강하다. 그러나 자유민주주의는 민주주의의 유일한 형태도, 반드시 가장 이상적인 형태도 아님을 인식할 필요가 있다. 더욱이 우리 헌법은 자유민주주의적 요소뿐 아니라 경제적 평등을 강조하는 사회민주주의적 요소, 공동체의 덕성과 참여를 중시하는 공화민주주의적 요소도 함께 내포하고 있다.

이러한 이해를 바탕으로, 자유주의 사상이 서양에서 등장하고 민주주의와 결합하는 과정을 간략히 살펴보자.[35] 자유주의는 르네상스, 종교개혁, 프랑스 혁명 등을 거치며 근대 유럽에서 발전하였고, 홉스, 로크, 루소 등의 사상가에 의해 구체화되었다. 이들은 국가 이전에 자유로운 개인이 존재하며, 이들이 생명과 안전, 재산권을 보호받기 위해 사회계약을 맺고 국가를 구성한다고 주장했다. 자유주의는 개인의 자유와 권리를 최우선 가치로 삼고, 이를 보장하는 정치 제도를 정당화하는 사상이다.

경제적으로 자유주의는 자본주의와 밀접한 관계를 맺는다. 자본주의는 계약, 영업, 거주와 이동의 자유, 사유재산권 보장 등을 바탕으로 자유로운 개인들이 분업을 통해 생산하고, 이를 시장에서 자유롭게 교환하는 체제이다. 시장은 '보이지 않는 손'이라는 조절 메커니즘에 따라 수요와 공급이 자동적으로 조정된다고 본다. 이러한 경제적 자유는 정치적 자유주의와 자연스럽게 결합하였다.

그러나 자본주의의 발전은 자본가와 노동자 계급 간의 불평등을 확대시켰고, 이는 마르크스 사상을 바탕으로 한 공산주의 세력의 강력한 도전으로 이어졌다. 이에 자본가 계급은 혁명을 방지하기 위해 노동자의 정치적 참여를 수용하며 점차 보통선거를 확대하였다. 이 과정을 통해 상충되던 자유주의와 민주주의가 결합되어 자유민주주의라는 정치 체제가 탄생하게 되었다.[36] 우리나라 헌법도 전문에서 '자유민주적 기본질서'라는 용어를 사용함으로써 이러한 자유주의적 민주주의의 전통에 기초하고 있음을 보여준다.

이후 자유민주주의는 정치적 평등을 넘어, 국민의 최저생활을 보장하고 사회적 평등을 추구하는 복지국가로 진화하였다. 그러나 1970년대 후반의 석유 파동과 경제 위기, 복지 수요의 증가, 재정 부담, 경제 성장 둔화 등의 문제로 인해, 1980년대 초 미국의 레이건 정부와 영국의 대처 정부를 중심으로 신자유주의가 부활하였다. 이들은 '큰 시장, 작은 정부'를 표방하며 복지 축소와 규제 완화를 추진하였다.

하지만 수십 년이 지난 지금, 신자유주의는 약속했던 성장을 실현하지 못했고, 세계화 속에서 대기업과 금융자본은 통제받지 않는 권력을 행사하며 사회적 양극화를 심화시키고 있다. 이에 자유민주주의의 한계를 넘어서기 위한 대안들이 국내외적으로 모색되고 있다.

한편 한국에서는 자유민주주의라는 용어가 정치 이념이라기보다 냉전 이데올로기의 산물처럼 기능해 온 측면이 있다. 보수 진영은 자유주의를 '반공주의'와 동일시하며, 자유민주주의를 미국 중심의 정치 질서로 간주하는 경향이 강하다. 이러한 흐름 속에서 자유민주주의의 이름으로 사상의 자유를 제약하거나, 복지와 재분배 정책을 사회주의로 몰아 반대하는 오류가 반복되기도 했다. 반면 진보 진영에서는 자유주의를 서구 개인주의나 자본주의의 다른 이름으로 간주하여 경계하는 태도를 보여 왔다. 이처럼 자유주의가 양 진영 모두에서 오해되거나 왜곡되어 온 배경에는 냉전과 분단이라는 한국 사회의 특수한 역사적 조건이 자리하고 있다.[37]

종합하면, 자유민주주의는 개인의 권리 보장과 정치적 자유 확대라는 성과에도 불구하고 경제적 불평등, 시민의 정치적 무관심, 공공성의 약화라는 한계를 안고 있다. 특히 한국에서는 냉전적 맥락 속에서 자유민주주의의 가치가 제한적으로 해석되거나 왜곡되는 문제도 존재해 왔다.

이러한 한계를 넘어서는 길은 공동체적 책임과 시민적 덕성을 회복하고자 하는 새로운 민주주의적 상상력을 모색하는 데 있다. 이어지는 부분에서는 이러한 대안으로 주목받고 있는 공화민주주의의 개념과 그 핵심 가치를 살펴보고자 한다.

## 공화민주주의

우리 사회는 수많은 역경을 이겨내며 산업화와 민주화를 동시에 이뤄냈고, 최소한의 민주주의를 넘어 민주주의의 공고화 단계에 도달한 나라로 평가받기도 했다. 그러나 윤석열 대통령의 비상계엄 시도와 파면에 이르는 일련의 과정은 그동안 누적되어 온 우리 사회의 구조적 모순을 적나라하게 드러냈다. 지금 한국 사회는 거의 모든 영역에서 갈등과 반목, 대립과 투쟁이 일상화되어 있다. 개인과 집단의 이기주의, 이념을 둘러싼 보수와 진보의 충돌, 지역 간의 갈등, 세대 간 단절, 심화되는 빈부 격차 등으로 인해 사회 전체가 총체적으로 분열되어 있다. 이러한 심각한 현실을 두고 정치학자 박명림은 대한민국을 '진영(陣營) 국가', '진영(陣營) 공화국'이라 진단한 바 있다.[38]

지금까지의 자유민주주의만으로는 이러한 문제를 해결하기 어렵다는 점이 점점 분명해지고 있다. 자유주의에서 신자유주의로 이어진 정치적 실험은 오히려 빈부 격차와 사회적 양극화를 심화시켰다. 개인의 사적 자유를 보호하는 데 집중한 결과, 시민이 정치에 관심을 갖고 정치 공동체에 참여하는 공적 역할은 점차 축소되었다. 국가의 기능 또한 축소되어 현대 사회가 직면한 복잡한 문제들에 대해 충분한 공적 개입을 하기 어려운 구조가 되었다.

물론 자유주의는 개인의 기본권 보장과 정치적 자유의 확대라는 중요한 성과를 이뤄냈다. 그러나 절차와 권리 중심의 자유민주주의만으로는 깊어진 사회의 분열과 혐오를 극복할 수 없다. 이제는 공공선, 시민적 덕성, 공동체 참여를 중시하는 공화주의적 접근이 더 많이 필요한 시점이다.

대한민국 헌법 제1조는 "대한민국은 민주공화국"이라고 선언하고 있다. 그러나 '공화국'이라는 용어가 국가 형태에 명시되어 있음에도 불구하고, 많은 시민들은 여전히 공화주의의 의미를 제대로 이해하지 못한다. 이는 그동안 학계에서 공화주의를 민주주의에 포괄되는 개념으로 간주해 온 경향과 무관하지 않다. 그러나 최근에는 자유주의와 결합된 민주주의가 직면한 위기를 극복하기 위한 대안으로서 공화주의의 의미를 새롭게 조명하려는 논의가 여러 차원에서 전개되고 있다.[39]

물론 공화주의에 대한 이론적 논의는 복잡하고 개념의 폭도 넓기 때문에 이를 간결하게 정리하기란 쉽지 않다. 여기서는 국내외의 다양한 공화주의 개념을 비판적으로 검토해 정리한 한상수의 공화주의의 개념 정의를 바탕으로 그 핵심 내용을 소개하고자 한다.[40]

한상수는 공화주의를 "국민이 시민적 덕성을 바탕으로 자치를 실현하며, 법치를 통해 공동선을 추구하고 자유를 보호하는 정치 공동체의 이념"으로 정의한다. 이 정의는 공화주의를 구성하는 핵심 요소들−예컨대 정치적 인간관, 공동선, 자유, 자치, 법치, 시민적 덕성−을 모두 담고 있으며, 이들 간의 논리적 관계까지 반영하고 있다는 점에서 유용하다.

공화주의의 출발점은 인간을 '정치적 존재'로 바라보는 관점이다. 이는 자유주의의 인간관과 본질적으로 다르다. 자유주의는 개인이 공동체 이전에 존재하며, 자유롭고 이기적인 성향을 가진 자율적 존재라고 가정한다. 반면 공화주의는 인간이 본래부터 공동체 속에서 살아가는 존재이며, 타자와의 관계 속에서만 자유와 정체성을 실현할 수 있다고 본다. 이러한 인간관은 아리스토텔레스 이래 이어져 온 정치적 존재로서의 인간 개념에 뿌리를 두고 있다. 이러한 인간관은 공화주의의 다른 개념 요소들을 정당화하는 철학적 기초이기도 하다.

또한 공화주의는 '공동선'을 핵심 가치로 삼는다. 여기서 말하는 공동선은 단순히 다수의 이익이나 개인적 선호의 총합이 아니다. 그것은 구성원 모두가 함께 살아가기 위해 공유해야 할 공적 가치이며, 공동체의 지속 가능성과 정당성을 떠받치는 규범적 기준이다. 공동선은 위에서 내려오는 명령이 아니라 시민들이 스스로의 삶과 공동체에 대해 숙의하며 형성해 간다. 공화주의는 바로 이러한 과정을 통해 서로 다른 이해관계를 조율하고, 공동체 전체의 삶을 개선하려는 정치적 실천을 정당화한다. 따라서 공동선은 특정 집단의 이익이 아니라, 구성원 모두가 함께 추구하고 책임져야 할 가치라는 점에서 의미를 갖는다.

자유에 대한 강조 역시 공화주의의 중요한 특징이다. 자유주의가 개인의 사적 자유를 강조하는 데 비해, 공화주의는 공적 맥락에서 실현되는 자유를 더 중시한다. 현대 공화주의는 이러한 자유를 '비지배non-domination'라는 개념으로 이해하는 경향이 있다. 즉, 단순히 간섭이 없는 상태가 아니라 타인의 자의적 지배로부터 벗어난 상태야말로 참된 자유라고 보는 것이다. 공화주의자들은 자유주의가 강조해 온 '소극적 자유'와 달리, 시민적 참여와 자치 속에서 구현되는 '적극적 자유' 또는 '비지배적 자유'를 핵심 가치로 내세운다. 이것이야말로 자유에 대한 공화주의적 재해석의 핵심이며, 공화주의 이론이 자유주의를 넘어서려는 시도를 잘 보여주는 지점이다.

이러한 자유와 공동선을 구체적으로 실현하는 과정에서 자치와 법치는 핵심적인 역할을 한다. 직접민주주의든 대의민주주의든 시민이 정치적 결정의 주체로 나서는 것은 공화주의가 말하는 자율성과 공동 책임의 실현 방식이기도 하다. 자치는 공동체 구성원들이 공공의 문제에 관해 스스로 숙의하고 결정해 나가는 과정이며, 그 자체로 공동선을 형성하는 정치적 경험이기도 하다. 이러한 자치가 제도적으로 작동하기 위해서는 법의 존재가 필수적이다. 공화주의에서의 법치는 단순히 국가가 정한 법률에 복종하는 차원이 아니라 시민들이 참여와 합의를 통해 스스로 만들어낸 규범 질서라는 점에서 특별한 의미를 지닌다. 법은 자발적 동의를 바탕으로 정당성을 획득하며, 시민은 그 집행의 대상일 뿐 아니라 감시자이자 책임 있는 구성원으로 기능해야 한다. 결국 공화주의가 말하는 법치는 시민 참여에 기반한 살아 있는 규범 체계이며, 자치는 그 원동력이다.

마지막으로, 시민적 덕성은 공화주의가 추구하는 정치 질서를 가능하게 하는 문화적 기반이다. 공화주의는 이를 단지 개인의 선택에만 맡기지 않고, 일정한 수준에서는 제도적으로 요구하고, 때로는 법적 의무로 규정하기도 한다. 시민적 덕성은 타인을 고려하고 공동체를 존중하는 태도로, 공공성의 문화를 형성하는 데 핵심 역할을 한다. 다만 덕성의 강조가 개인의 자유를 억압하지 않도록 그 범위와 수준을 조정할 필요가 있다. 결국 시민적 덕성은 공화주의가 지향하는 자치와 법치, 공동선을 지탱하는 바탕이며, 공적 삶에 참여하는 시민의 품격과 책임을 구성하는 핵심이다.

따라서 이러한 공화주의의 원리가 민주주의와 결합할 때, 공화민주주의는 단순히 다수결에 의한 통치가 아니라 시민 각자가 공공의 삶에 능동적으로 참여하고, 자율성과 책임을 함께 지는 정치 체제를 의미한다. 공화민주주의는 자유를 단순한 개인 권리의 보호가 아니라 공동체 내에서 타인의 지배로부터 벗어나고자 하는 시민적 실천으로 이해하며, 그 속에서 법과 제도, 덕성과 참여가 유기적으로 결합된다. 이런 점에서 공화민주주의는 자유주의적 민주주의가 놓치기 쉬운 시민의 역할과 공공성, 공동선의 문제를 제도적으로 정비하고 문화적으로 보완하는 정치 원리라 할 수 있다.

오늘날 한국 사회가 직면한 민주주의의 위기-시민의 정치적 무관심, 정당 정치의 파편화, 혐오와 적대의 일상화, 공공성의 퇴조-는 이러한 공화민주주의의 가치와 구조를 재조명할 필요성을 보여 준다. 법과 제도의 형성과 실행 과정에 책임 있게 관여하며, 공적 담론에 참여하고 타인과의 협력을 실천할 수 있는 시민의 형성이야말로 민주주의의 회복력과 지속 가능성을 높이는 핵심이다. 그런 점에서 공화민주주의는 지금 우리가 되돌아보고 새롭게 설계하고, 교육과 제도를 통해 실천해야 할 또 하나의 민주주의 모델이 될 수 있다.

## 자유민주주의와 공화민주주의의 연계 가능성

자유민주주의와 공화민주주의는 민주주의의 두 주요 전통으로서, 상호 배타적이거나 대립적인 개념으로만 이해할 수는 없다. 두 전통은 서로 다른 문제의식에서 출발하지만, 오늘날 민주주의가 직면한 복합적인 과제를 해결하기 위해서는 이들 간의 비판적 대화와 상호 보완이 필요하다.

자유민주주의와 공화민주주의의 주요 차이는 〈표 12〉와 같이 정리할 수 있다.

<표 12> 자유민주주의와 공화민주주의 비교

| 구분 | 자유민주주의 | 공화민주주의 |
|---|---|---|
| 자유 개념 | 간섭받지 않을 자유<br>(negative liberty) | 지배받지 않을 자유<br>(non-domination) |
| 시민의 역할 | 권리의 수혜자, 선거 참여 중심 | 공동체 문제의 능동적 해결자 |
| 정치 제도의 목표 | 개인의 권리 보장, 절차적 정당성 | 공동선 추구, 시민 덕성 함양 |
| 국가의 역할 | 최소국가 지향, 사적 자율성 강조 | 공적 책임 중시, 법에 의한 자유 보장 |
| 위기 대응 방식 | 법과 절차에 의한 갈등 조정 | 숙의와 참여를 통한 공적 삶의 복원 |

자유민주주의는 개인의 자유와 권리를 정치 제도의 핵심 가치로 설정하며, 절차적 정당성과 법치주의를 중시해 왔다. 이 전통은 자유주의에서 신자유주의로 이어지는 흐름 속에서 국가의 개입을 최소화하고 개인의 자율성을 보장하는 데 주력해 왔다. 그러나 절차 중심의 민주주의는 시민을 정치의 수동적 수혜자로 만들고, 공동체 문제에 대한 책임감을 약화시킬 위험이 있다.

반면, 공화민주주의는 자유를 '간섭받지 않을 자유negative liberty'를 넘어 '지배받지 않을 자유non-domination'로 확장하고, 시민이 공동체의 문제에 능동적으로 참여하며 숙의하는 과정을 민주주의의 본질로 본다. 이 전통은 시민의 덕성과 공공선에 대한 집단적 책임을 강조하며, 법과 제도는 단지 지켜야 할 규칙이 아니라 시민이 함께 만들고, 지속적으로 감시해야 할 공적 산물로 본다.

이처럼 분명한 차이에도 불구하고, 기후 위기, 불평등 심화, 혐오와 배제의 정치 등 오늘날 민주주의가 직면한 문제들은 어느 하나의 전통만으로는 해결하기 어렵다. 개인의 자유와 권리를 존중하는 한편, 공공선을 함께 고민하고 책임 있게 참여하는 시민이 필요한 시대다. 따라서 자유민주주의의 제도적 가치 위에 공화민주주의의 시민적 덕성과 공공성의 문화를 접목하는 일이 민주주의 갱신의 핵심 과제가 된다.

이러한 통합적 접근은 교육을 통해 구체화될 수 있다. 공화민주주의가 제안하는 능동적 시민성 active citizenship 은 단순히 투표에 참여하는 시민이 아니라, 공론장에 참여하고 타인의 관점을 경청하며, 공동체의 문제 해결에 적극적으로 기여하려는 태도를 포함한다. 이는 오늘날 시민교육이 지향해야 할 새로운 방향성과도 연결된다. 개인의 권리 교육을 넘어, 공감, 숙의, 책임, 실천을 강조하는 시민교육은 한국 사회의 민주주의를 성숙시킬 수 있는 핵심 기반이다.

오늘날처럼 자유의 이름으로 공동체가 분열되고, 시민의 참여가 갈등과 적대의 증폭으로 귀결되는 현실 속에서, 공화민주주의는 자유민주주의의 결점을 보완하고 갱신하는 중요한 이념적 실마리를 제공한다. 동시에, 공화민주주의가 시민의 자유와 자율성을 충분히 보장하지 못할 경우, 전체주의적 공동체주의로 흐를 위험도 경계해야 한다. 그런 점에서 자유와 책임, 권리와 덕성의 균형을 이루는 민주주의야말로 오늘날 우리가 지향해야 할 새로운 공화민주주의의 모습이며, 그것은 자유민주주의와 공화민주주의의 연계 가능성 위에서 실현될 수 있다.

## 라운드 테이블

1. 한국 사회는 자유민주주의에서 '자유'를 어떻게 이해하고 실천해 왔다고 보는가? 그 과정에서 자유의 개념이 왜곡되거나 제한적으로 사용된 사례가 있다면, 이를 극복하기 위해 필요한 노력을 적어 보자.

2. 공화민주주의는 '지배받지 않을 자유'를 강조한다. 당신의 삶 속에서 이 자유를 실현하기 위해 필요한 조건과 구체적으로 할 수 있는 실천 방안을 생각해 보자.

3. 시민을 수동적 권리 수혜자에서 능동적 참여자로 전환하기 위해, 교육 현장이나 지역사회에서 어떤 시민 교육 활동을 제안하고 싶은가? 그 이유와 구체적인 방법을 동료들과 함께 나누어 보자.

4. 자유민주주의와 공화민주주의를 결합한 새로운 민주주의 모델이 현실에서 어떻게 구현될 수 있을까? 당신이 상상하는 미래의 '민주공화국 대한민국' 모습과 연결해서 상상해보자.

5. 개인의 자유와 공동체의 책임이 균형 잡힌 민주주의 사회를 이루기 위해, 개인과 사회가 함께 실천할 수 있는 일은 무엇이 있을지 논의해 보자.

생각과 메모

5장

# 민주시민교육과 공화주의교육

오늘날 민주주의 교육은 점점 더 복잡한 현실 속에서 새로운 방향 전환을 요구받고 있다. 특히 자유민주주의의 제도적 틀을 중심으로 전개되어 온 민주시민교육이 공공성의 약화, 시민 덕성의 부재, 공론장의 파편화 등과 같은 문제에 직면하면서 이를 어떻게 보완하고 갱신할 것인가에 대한 논의가 활발히 진행되고 있다. 이러한 맥락에서 공화주의교육 republican education 은 민주시민교육의 한계를 비판적으로 성찰하고, 이를 더 풍부하게 확장할 수 있는 이론적·실천적 자원으로 주목받고 있다. 단, 공화주의교육을 민주시민교육과 대립되는 대안적 패러다임으로 간주하기보다는, 민주시민교육 내부에서 시민적 덕성과 공동선을 강화하는 내

재된 구성 요소로 이해하는 것이 현실적이다. 이는 민주시민교육이라는 포괄 개념 안에 공화주의교육이 부분집합으로 포함되는 구조로 <그림 2>와 같이 시각화할 수 있다.

이러한 도식은 공화주의교육이 민주시민교육의 근본 틀을 넘어서기보다는 그 안에서 공동체적 덕성과 시민의 공적 책임을 강화하고자 하는 실천적 흐름임을 보여 준다. 본 절에서는 이와 같은 관점을 바탕으로, 먼저 민주시민교육의 이론적 기초와 실천적 과제를 살펴보고, 이어서 공화주의교육이 어떤 철학과 방식으로 이를 확장하고 재구성할 수 있는지를 고찰하고자 한다.

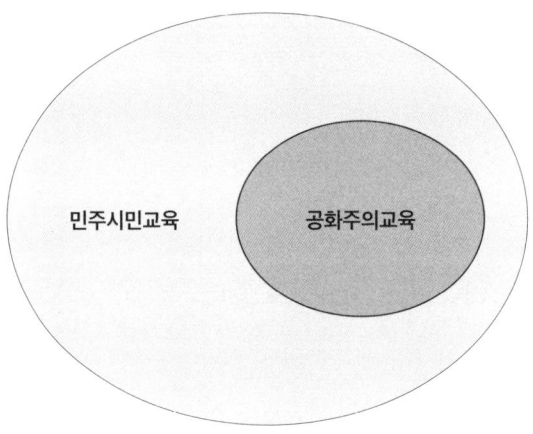

<그림 2> 민주시민교육과 공화주의교육의 관계

# 민주시민교육

민주시민교육은 시민으로서의 권리와 의무, 그리고 적극적 참여를 가르치는 교육을 의미한다. '민주'와 '시민'이라는 말이 여러 의미를 지니듯, 민주시민교육의 의미도 매우 다양하다. 이와 관련하여 민주시민교육을 협의와 광의로 구분해 볼 수 있다.[41]

① 넓은 의미의 민주시민교육은 사회·정치적 질서의 구성원인 모든 사람들에게 여러 사회 집단·조직·제도 및 매체를 통해 정치적으로 영향을 주는 모든 과정을 포괄하는 집합 개념이다. 이 광의의 민주시민교육은 거의 정치사회화 개념과 유사하게 간주할 수 있다. 왜냐하면 좁은 민주시민교육 개념과 비교해 볼 때, 지향성이나 의도성, 혹은 계획성이 상대적으로 약하기 때문이며, 바로 그렇기 때문에 오히려 기능적인 과정으로 이해할 수 있기 때문이다.

② 좁은 의미에서 민주시민교육은 청소년과 성인이 사회·정치적 생활에 필요한 자질을 갖출 수 있도록 하기 위해 의식적으로 계획되고 조직된 교육적 방책, 그리고 지속적이고 목표 지향적인 모든 교육 시설의 지칭을 가리키는 집합 명칭이다. 이 좁은 의미의 민주시민교육은 학교에서 특정 교과(예를 들면 사회과, 도덕·윤리)의 수업을 통해서, 또는 여러 교과에 걸친 수업 원리로서 행해질 수 있으며, 지역사회와의 연계 속에서 학교 밖 제도를 통해 형성될 수도 있다.

여기서 민주시민교육을 '집합 개념', '집합 명칭'으로 정의하는 점이 인상적이다. 한 사회의 민주주의가 유지되고 성숙하기 위해서는 학교 교육, 청소년 교육, 직업 교육, 평생 교육 등 생애 교육의 모든 영역에서 민주시민교육이 이루어져야 한다. 민주주의가 단순한 정치 체제가 아니라 삶의 방식이자 문화이기 때문이다. 자신과 타인에 대한 존중, 대화와 경청, 반대 의견에 대한 관용과 같은 문화가 잘 형성된 사회에서는 별도의 민주시민교육이 필요 없을지도 모른다.

그러나 그러한 사회는 드물며, 설령 존재한다 해도 헌법과 법률, 자유, 평등, 박애 등의 정신과 공동체의 권리와 의무에 대한 구체적인 학습은 필요하다. 이를 위해서는 체계적인, 좁은 의미의 민주시민교육이 요구된다. 이와 관련하여 우리 헌법, 교육기본법, 국가교육과정은 우리 교육의 이념과 목적이 민주시민 양성임을 명시하고 있다. 물론 권위주의 정권이 장기간 지속되는 동안 민주시민교육은 위축되었고, 민주화 이후에도 일상의 권위주의와 경쟁 교육에 의해 여전히 제약받고 있다. 이러한 한계를 넘어 민주시민교육을 한 단계 더 발전시켜야 할 과제가 우리 모두에게 주어져 있다.

이론적 차원에서 보면, 학교 교육에서의 민주시민교육은 대체로 자유민주주의에 뿌리를 두고 개인의 권리와 다원성을 강조하는 방향으로 발전해 왔다. 사회의 다원화가 심화되면서 이 경향은 더욱 강화되었고, 동시에 참여민주주의의 영향 아래 투표율 감소를 지적하며 선거 및 일상 참여 확대를 강조하는 흐름도 나타나고 있다. 비판적 사고와 공적 토론을 통한 시민 참여 역시 중요한 교육 방향으로 부각되고 있다.

민주시민교육의 구체적 실천과 관련하여 매우 다양한 교수·학습 방법이 소개되어 있다. 구체적인 방법 하나하나를 일일이 나열하기보다는, 『2022 개정 사회과 교육과정』의 '교수·학습 방법'을 통해 대표적인 방법들을 살펴보는 것으로 충분할 것이다.[42]

### (2) 교수·학습 방법

㈐ 쟁점이나 문제 상황, 가치 갈등 상황, 인권 침해 사례 등 다양한 상황이나 사례를 제시하고, 학습자가 합리적인 해결 방안을 모색하고 실천할 수 있도록 사례 및 체험 중심의 교수·학습 방법과 자료를 활용한다.

㈑ 협동 학습을 통해 민주시민의 중요한 자질이라 할 수 있는 공동체 구성원으로서의 책무성, 참여 의식, 타인에 대한 존중과 배려, 의사소통 능력, 협업 능력을 함양한다.

㈒ 학습 내용에 따라 질문, 조사, 토의·토론, 논술, 관찰 및 면담, 현장 견학과 체험, 초청 강연, 실험, 역할놀이와 시뮬레이션 게임, 모의재판과 모의국회, 사회 참여 활동, 사료 학습, 제작 학습, 추체험 학습, 야외 답사 등의 다양한 학습 방법을 적절하게 활용한다.

공식 교육과정은 사회 수업에서 매우 다양한 교수·학습 방법의 활용을 권장하고 있다. 실제로 초등학교와 중학교에서도 교사가 충분한 의지를 가지고 교사학습공동체를 활발히 운영한다면, 이러한 활동들이 불가능한 것은 아니다.

그런데 열거한 내용 중에서 가장 문제가 되는 것은 사회적 쟁점을 사례나 체험 중심으로 다루는 부분이다. 우선, 사회적 쟁점, 특히 정치적 쟁점을 교실 수업에서 다루기는 쉽지 않다. 이런 문제를 교실에서 다루다 보면 학생이나 학부모의 항의를 받거나, 심한 경우 법적 분쟁에 휘말릴 수 있기 때문이다. 사회적 불신과 정치적 양극화가 이런 현상을 야기하고 있다. 예를 들어, 정당의 목적과 기능을 지식으로 배우기는 쉽지만, 주요 정당의 구체적인 활동을 사례로 비교·분석하거나 비평하는 일은 쉽지 않다. 그것이 전혀 불가능한 것은 아니지만, 교사가 이를 지혜롭게 다루지 못하면 편파성 시비에 휘말릴 수 있기 때문이다.

둘째, 사례나 체험 중심 수업의 실행이 쉽지 않다. 앞서 열거했듯이, 이러한 수업은 현장 견학과 체험, 야외 답사 등 교실 밖 활동을 수반한다. 그런데 이러한 활동을 실행할 때 안전 문제가 발생하면, 교사가 과도한 책임을 져야 하는 상황에 처한다. 교사가 충분히 대비하고 안전 교육을 실시했음에도 발생한 문제에 대해서까지 책임을 지게 하는 '안전 지상주의' 교육은 학생들의 성장 자체에 악영향을 줄 수 있음을 우리 사회가 인지하고, 이에 대한 새로운 접근이 필요하다.

최근 영미권 사회에서도 '안전제일주의 교육'에 대한 경고가 제기되고 있으며, 이것이 청소년에게 얼마나 해를 끼치고 있는지를 조너선 하이트 Jonathan Haidt 는 『불안 세대』라는 베스트셀러를 통해 설득력 있게 보여주고 있다.[43] 민주주의 이론을 개념적으로 배우는 것과 현실을 이해하고 판단하며 실천하는 것은 전혀 다른 차원이다. 이런 점에서 학교 교육뿐만 아니라 생애 교육 전반에 걸쳐 공동체의 이슈를 실제적으로 다루는 다양한 교수 방법을 개발하고, 이를 민주적 교수 원리에 따라 가르치는 교육 문화를 함께 조성할 필요가 있다.

정치 문제에 대한 좌우 이념 대립이 심하던 시절, 이를 해결하기 위해 독일에서는 정치 교육에서 강요 금지, 논쟁성 유지, 정치적 판단 능력 함양을 핵심 원칙으로 하는 '보이텔스바흐 원칙 Beutelsbacher Konsens'이 합의되었고, 지금도 독일 정치 교육의 기본 원리로 작동하고 있다. 이처럼 한국의 교실 현실에 적합한 사회적 합의가 반드시 필요하다.

## 공화주의교육

우리나라는 민주시민교육과 분리하여 공화주의교육을 사유하거나 실천하는 경험 자체가 거의 없었다. 공화주의에 대한 인식이 부족했고, 설령 공화주의를 고민하더라도 그것을 교육적 차원까지 진전시킨 논의는 많지 않다. 더구나 민주시민교육이 거의 모든 교수 방법을 포괄할 정도로 확장되어 있기 때문에, 공화주의교육을 별도로 다루어야 할 실천적 필요성에 대해서 의문이 제기될 수 있다.

그러한 한계에도 불구하고 공동선을 위한 시민 덕성을 함양하는 것을 공화주의라는 철학에 기반하여 다시 살펴보는 것은 의미 있는 접근이 될 수 있다. 앞서 우리나라의 민주시민교육의 이론적 기반이 주로 자유민주주의와 참여민주주의에 있다고 진단한 바 있다. 자유 개념의 관점에서 보면, 자유민주주의는 소극적 자유를, 참여민주주의는 적극적 자유를 강조한다. 공화주의는 이와 구별되는 자유 개념으로 '비지배$^{non\text{-}domination}$', 즉 자의적 지배로부터 벗어난 상태를 강조한다. 이 비지배 개념은 시민 참여를 중시한다는 점에서 참여민주주의와 접점을 갖지만, 자유를 구조적 억압의 부재로 정의한다는 점에서 보다 제도적이고 관계적인 측면을 강조한다. 이러한 관점의 차이는 공동체를 사유하는 방식이나 공적 참여의 정당화 논리에 미묘한 차이를 만들어낸다.

국가로부터 간섭받지 않는 사적 자유를 넘어서 다양한 지배로부터의 자유를 획득하기 위해서는 공적 참여가 매우 중요하다. 그리고 그러한 참여 자체가 타인에 대한 지배로 이어지는 것을 경계하므로 대화와 타협, 절제와 관용과 같은 시민적 덕성이 강조된다. 또한 다양한 지배를 거부하기 때문에 이는 자연스럽게 평등과 형평 같은 공동체 정의 문제에 대한 관심과 참여로 이어진다.

특히 앞에서 언급했듯이 공화주의적 공동선은 단순히 개인적 이익들의 총합이 아니라, 공동체 구성원 모두가 함께 향유하고 유지해야 하는 가치와 규범을 의미한다. 공동선은 각자의 사익을 조율하거나 집계하는 것으로 얻어지는 것이 아니라, 모두가 공존하고 번영하기 위해 참여하여 함께 설정하는 공적 기준이라는 점에서 특별한 교육적 의미를 갖는다.

이러한 공화주의적 이념에 적합한 교수 방법에는 무엇이 있을까? 사실 구체적인 방법으로 들어가면 민주시민교육의 방법들과 명확히 구분 짓기는 어렵다. 그러나 공화주의에 좀 더 친화적인 방법으로는 공동체 프로젝트, 협력적 문제 해결, 지역사회 참여 경험 등을 들 수 있다. 또, 문답법이나 토의·토론법을 넘어서 상대방을 이해하고 경청하며, 숙의를 통해 더 나은 공론을 만들어내려는 대화 중심 교수법이 더 강조될 수 있다.

공화주의교육이 기존 민주시민교육과 어떻게 차별화되고 어떤 기여를 할 수 있는지를 법치주의 교육과 대화 중심 교육이라는 두 사례를 통해 살펴보고자 한다.

첫째, 법치주의 교육이다. 이는 민주시민교육의 핵심적인 내용 중에

하나이다. 그러나 우리나라에서 법치주의 교육은 권위주의 시대에는 소크라테스의 말을 잘못 인용하여 "악법도 법이다"라며, 정당성과 합법성이 결여된 법까지 지켜야 하는 것으로 강제되었다. 민주화 이후에는 이런 관행은 거의 사라졌다. 그러나 현재의 법치주의 관련 교육은 기본적으로 자유주의적 전통이 강하다. 이를 공화주의와 구분하여, 법치주의가 어떻게 다르게 강조될 수 있는지를 〈표 13〉으로 정리해 보았다.

<표 13> 자유주의적 법치주의와 공화주의적 법치주의 비교

| 구분 | 자유주의적 법치주의 | 공화주의적 법치주의 |
| --- | --- | --- |
| 핵심 가치 | 개인의 자유와 권리 보장 | 공동선, 시민의 참여와 덕성 |
| 법의 역할 | 개인의 권리 제한을 최소화하고 권력의 자의적 행사를 방지 | 시민 참여를 통한 공공의 규범 형성과 공공선 실현 |
| 통치 정당성의 근거 | 절차적 정당성 (형식적 합법성) | 실질적 정당성 (시민의 참여와 공공성에 기반한 합의) |
| 국가와 법의 관계 | 국가 권력을 제한하는 도구로서의 법 | 공화적 시민성을 형성하는 적극적 도구로서의 법 |
| 시민의 역할 | 권리를 보호받는 수동적 주체 | 법 제정과 유지에 참여하는 능동적 시민 |
| 주요 위험 요소 | 권리 침해, 절차 위반 | 시민 참여의 형식화, 공동선의 획일화 |

자유주의적 법치주의 교육은 개인의 권리와 자유 보호를 중심으로, 법의 절차적 정당성과 국가 권력의 제한을 강조하며, 학생들에게 법을 지키는 이유와 권리 보호의 원리를 교육한다.

이에 반해 공화주의적 법치주의 교육은 법을 단순히 지켜야 할 규칙이 아니라 시민들이 함께 만드는 공공의 약속으로 이해하며, 학생들이 법의 형성과정에 참여하고 공동선을 추구하는 시민으로 성장할 수 있도록 돕는다. 이러한 공화주의적 접근은 법을 외재적 강제가 아닌, 공동체의 자율적 합의로 인식하게 하여, 기존의 법치주의 교육을 보다 능동적이고 참여적인 방향으로 보완해 줄 수 있다.

다음으로 민주시민교육의 방법으로 그동안 우리나라에서 주로 강조되었던 토의·토론 교육과 대화 중심 교육의 차이를 살펴보자. 사실 대화 중심 교육은 내가 이 책의 서문에서 인용했던 『덴마크는 어떻게 민주시민을 기르는가?』에서 접한 용어이다. 이 행사의 주 강연자인 안데르스는 덴마크 학교의 민주시민교육과 공감 교육 방법 중 핵심적인 것으로 대화 중심 교수법과 대화 중심 평가를 예시하였다. 처음에 나는 이 단어들을 무심코 넘겼다. 그러나 동영상을 반복해서 보는 동안에 이 단어가 갑자기 낯설게 다가왔다. 그래서 민주시민교육을 담당하는 사회과 관련 서적들에 수록된 교수·학습 방법을 살펴보았다. 문답법, 토의법, 토론법은 있으나, '대화 중심 교수법'이라는 용어는 찾을 수가 없었다. 이는 다른 과목에서도 마찬가지였다.

참고로 덴마크의 대화 중심 교수법은 단순한 교수 기법을 넘어, 사회 전반에 깊이 뿌리내린 민주주의와 평등의 문화에 기반한 교육 실천이다. 덴마크에서는 교사와 학생이 수직적인 관계가 아닌 수평적 관계 속에서 상호 존중과 신뢰를 바탕으로 학습에 참여하며, '대화'는 정보 전달이나 토론을 넘어 공동의 의미를 구성하고 세계를 함께 이해해 나가는 과정으로 간주된다. 이는 그룬트비 Grundtvig 의 '살아 있는 말 Living word' 전통, 학교 민주주의, 낮은 위계 문화, 형식보다 관계를 중시하는 사회적 태도와 맞물려 교육현장에서 자연스럽게 실현되고 있다. 덴마크의 대화 중심 교수법은 단지 수업 방법이 아니라, 시민성을 기르고 공동체를 유지하는 방식으로서의 교육철학을 담고 있는 것이다.[44]

기존의 토의·토론법과 대화 중심 교수법의 차이를 〈표 14〉로 정리하여 보았다.

<표 14> 토의·토론법과 대화 중심 교수법의 비교

| 구분 | 토의·토론법 | 대화 중심 교수법 |
|---|---|---|
| 교육 목적 | 논리적 사고, 주장 정리, 설득 능력 향상 | 상호 이해, 공동 의미 구성, 시민성 형성 |
| 관계 구조 | 경쟁 또는 입장 대립 중심 | 수평적 관계, 상호 존중 중심 |
| 말하기 방식 | 주장과 반박, 근거 제시 중심 | 경청과 공감, 질문과 성찰 중심 |
| 평가 초점 | 논리성, 주장력, 설득력 | 성찰, 공감, 공동 탐구의 깊이 |
| 문화적 맥락 | 법정 모델, 승패 중심 (debate culture) | 덴마크식 '살아 있는 말', 공존의 문화 |
| 학습자의 위치 | 입장을 취하고 경쟁하는 참여자 | 함께 세계를 이해하는 동료 탐구자 |

민주시민교육을 위해 널리 활용되는 토의·토론법은 학생들이 다양한 입장을 이해하고 표현하는 데 도움이 되지만, 경우에 따라 상호 경쟁과 입장 대립에 초점을 맞춤으로써 오히려 민주적 심성을 기르는 데 방해가 되기도 한다. 토의와 토론의 어원을 살펴보아도 그 한계를 확인할 수

있다. Discussion은 라틴어 discutere에서 유래했으며, 이는 '흩뜨리다 scatter', '강하게 치다 strike'는 뜻을 지닌다.[45] Debate는 라틴어 battere에서 유래한 프랑스어 debatre에서 왔으며, '때리다', '싸우다'는 의미를 포함하고 있다.[46] 양자 모두 대결, 경쟁, 순위 매김과 같은 의미를 내포하고 있어, 민주시민교육의 핵심인 상호 이해와 공감, 공동의 규범 형성과는 거리가 있다.

이에 비해 대화 중심 교수법 dialogue-based instruction 은 전혀 다른 어원에 기반하고 있다. Dialogue는 그리스어 dia와 logos에서 유래했으며, dia는 '통과하여 across, through', logos는 '말, 의미'를 뜻한다.[47] 이는 타인의 말을 경청하며 자신의 사고 안에서 되새기고 재구성하며, 새로운 의미를 함께 만들어 가는 과정을 뜻한다. 이러한 점에서 대화 중심 교수법은 공동의 세계를 구성하려는 공화주의적 교육 철학과 깊이 연결되며, 학생들이 서로 다른 입장을 가진 시민들과 공존하고 협력할 수 있는 민주적 심성을 기르는 데 효과적인 접근이 될 수 있다.

종합적으로 보아, 민주시민교육과 공화주의교육은 모두 민주시민성, 비판적 사고, 공적 논의를 강조한다는 점에서 공통분모가 크다. 그러나 민주시민교육, 특히 자유주의적 경향의 민주시민교육은 사적 권리와 사적 자유, 그로 인해 생겨나는 다원성에 대한 존중을 강조하는 데 비해, 공화주의 교육은 시민적 덕성과 책임, 공동선과 절제된 참여, 더 나은 사회를 위한 법의 구성적 기능 등을 강조하는 경향이 있다.

오늘날 한국 민주주의는 양극화와 적대의 심화라는 위기에 직면해 있다. 이러한 현실을 고려할 때, 그동안 진보·보수 진영 모두에서 충분히 성찰되지 못했던 공화주의적 덕성과 공동선 교육은, 공화주의라는 철학적 틀 속에서 새롭게 조명되고 강조될 필요가 있다. 오늘날 민주주의 위기는 자유를 단순히 '간섭받지 않을 권리'로만 이해하고, 공공선을 위한 공동 책임을 소홀히 해 온 결과이기도 하다. 따라서 개인의 권리 존중을 넘어 공적 책임을 함께 가르치고 배우는 공화주의적 시민성 함양이 더욱 긴급히 요청된다. 또한, 공화주의에서 강조하는 공동선은 고정되고 주어져 있는 것이 아니라 끊임없는 대화를 통해서 함께 구성해가는 공동 세계라는 점도 유념할 필요가 있다.

물론 이것이 자유와 다원성 교육의 전통을 포기하는 것을 의미하는 것은 아니다. 양자 간에는 일정 정도의 긴장이 존재하지만, 그러한 긴장 관계 속에서 조화와 균형을 향해 나아가야 한다. 이를 통해 학교 교육뿐만 아니라 생애 교육 전반이 사적 자유와 사적 행복은 물론 공적 자유와 공적 행복을 동시에 추구할 수 있는 행복한 공동체로 거듭나야 할 것이다.

## 라운드 테이블

1. 오늘날 학교와 사회에서 진행되는 민주시민교육의 가장 큰 한계는 무엇이라고 생각하는가? 본인의 경험을 바탕으로 문제점을 설명하고, 이를 개선하기 위한 구체적인 아이디어를 제안해 보자.

2. 민주시민교육과 공화주의교육이 상호 보완적으로 이루어져야 하는 이유는 무엇인가? 개인의 자유와 공동체 책임의 균형이 중요한 이유를 구체적인 사례와 함께 생각해 보자.

3. 당신이 학교에서 받은 민주시민교육은 사회적 쟁점이나 정치적 갈등을 다루기에 충분했다고 생각하는가? 부족했다면, 학교에서 이를 보완하기 위한 현실적 방안이나 제도를 제안해 보자.

4. 공화주의교육에서 강조하는 '지배받지 않을 자유'를 당신은 어떻게 이해하는가? 우리 사회에서 이를 실제로 실현할 수 있는 구체적인 모습이나 경험을 떠올려 보자.

5. 민주시민교육을 학교 안에만 머무르게 하지 않고, 평생 교육이나 지역사회 활동과 연결하기 위해 함께 할 수 있는 실천 방안을 동료들과 함께 나누어 보자.

## 생각과 메모

6장

# 문화로서의 민주주의: 덴마크적 접근

안데르스 슢츠

　최근, 사회·경제적 배제에 따른 박탈감, 넘쳐나는 가짜 뉴스, 그리고 반민주적인 포퓰리스트 정치인들이 내세우는 매력적이지만 단순한 해법들이 결합되면서, 세계에서 가장 오래되고 안정적인 민주주의 국가들조차 중대한 위기에 직면하고 있다.

　이에 따라 우리는 중대한 질문과 마주하게 된다. 과연 자유민주주의는 이처럼 전례 없는 위기를 견뎌낼 수 있을까? 그렇다면 어떤 힘이 그것을 지키고 유지할 수 있을까? 이러한 질문은 우리로 하여금 민주주의의 본질 자체를 다시 성찰하게 만든다. 민주주의의 본질을 이해할 때에야 비로소 그것을 지키고 보존할 수 있는 길을 찾을 수 있기 때문이다.

덴마크에서는 이 민주주의 본질에 대한 성찰이 신학자 할 코흐<sup>Hal Koch</sup>(1904~1963)에 의해 사상적으로 깊이 있게 정립되었다. 그는 1945년에 출간한 『민주주의란 무엇인가?』에서 이러한 사상을 펼쳤다. 이 책에서 코흐는 다음과 같이 말했다:[48]

> 두 사람, 세 사람 또는 그 이상 - 성별과 관계없이 - 혹은 전체 국민이 어떤 미래에 관한 결정을 내려야 하거나 상호 관계를 규율하는 법을 제정해야 할 때, 의견 차이가 생길 가능성은 매우 높다. 이러한 의견 차이를 해결할 수 있는 방법은 일반적으로 두 가지뿐이다. 첫 번째는 끝까지 싸우는 것이다. 결국 이것은 가장 강한 자가 이긴다는 의미다. 두 번째는 각자의 견해를 이야기하는 것이다. 즉, 서로 반대되는 견해를 가진 사람들이 대화를 통해 문제를 다각도로 조명하고, 그 대화를 통해 갈등을 보다 명확하고 이성적으로 이해하려고 진지하게 노력할 때, 그것이야말로 진정한 민주주의다.

코흐가 제시한 민주주의에 대한 이해, 즉 민주주의란 단지 각자의 주장을 내세우는 것이 아니라 서로의 관점을 이해하려 노력하는 사람들 사이의 '대화'라는 관점은 덴마크 사회에 지대한 영향을 끼쳤다. 이러한 관점은 민주주의를 단지 정치 체제로 보는 데 그치지 않고, 하나의 문화로 수용하는 것을 의미한다. 그리고 이 문화는 매 세대마다 새롭게 태어나야 한다. 이러한 인식은 민주주의의 지속 가능성에 대한 질문을 의회, 사법부, 투표 절차 등 제도적 장치를 넘어, 보다 근본적인 차원-즉, 민주 시민의 성향과 태도를 어떻게 함양할 것인가-로 확장시킨다.

이 글은 먼저 민주적 시민을 길러 민주주의 문화를 형성하려는 덴마크의 이상이 어떻게 역사적으로 형성되었는지를 살펴본다. 다음으로, 이러한 이상이 덴마크 교육 제도의 목적 조항 속에 어떻게 담겨 있으며, 유치원부터 고등학교에 이르기까지 실제 교육 현장에서 어떻게 실천되고 있는지를 고찰한다. 마지막으로, 덴마크와 한국이 서로 다른 역사와 문화를 지닌 사회임을 인정하면서도, 덴마크의 민주주의 문화 양성 노력이 한국 사회에 어떤 시사점을 줄 수 있을지 살펴본다.

## 역사적 뿌리
민주주의를 문화로 이해하는 덴마크의 방식

오늘날 덴마크가 민주적 시민교육의 상징처럼 여겨지고 있지만, 처음부터 그러한 나라는 아니었다. 1814년에 제정된 최초의 국가 교육법은 오히려 위계와 특권을 정당화하고 전제 군주제를 뒷받침하는 데 목적이 있었다.[49] 당시 인구의 대다수를 차지하던 농민 계층은 오직 상급자에게 복종하는 법과, 각자에게 주어진 역할을 수행하는 데 필요한 최소한의 기술만 교육받았다. 공적 공간에서 자신의 의견을 표현한다는 것은 상상조차 할 수 없는 일이었다. 농민 자녀들은 7년간의 교육을 받았지만, 그 내용은 기본적인 산수, 읽기, 쓰기, 종교 교육, 그리고 기계적 암기에 치우쳐 있었고, 교사들은 대체로 엄격하며 때로는 폭력적인 방식으로 수업을 진행했다.

반면, 지배 계층 자녀들은 더 오랜 기간 교육을 받았고, 언어, 고등 수학, 지리 등도 배웠지만, 이들에게조차 교육의 핵심은 여전히 기계적 암기와 규율에 기반한 훈육이었다. 스스로 생각하고 비판적으로 성찰하는 능력은 그들에게도 가르쳐지지 않았다. 18세기 후반에서 19세기 초 사이에 계몽주의 사상가들이 이러한 교육 방식의 근본에 의문을 제기했다. 그러나 그들의 목소리는 지배층 내 극히 소수의 선각자들에게만 전달되었고, 사회 전체에는 거의 영향을 주지 못했다. 결과적으로, 19세기 초반의 덴마크 교육은 철학적 기반이든 실천적 운영이든 간에, 비판적 사고를 지닌 민주 시민을 양성한다는 개념과는 전혀 무관한 체제였다.

민주 시민을 교육한다는 철학적 기초는 처음으로 그룬트비$^{Grundtvig}$ (1783~1872)에 의해 명확히 정립되었다. 그는 원래 신학자였지만, 정치, 역사, 철학 등의 주제를 다루며 평생에 걸쳐 공적 담론에 적극 참여했다. 1830년대 이후 그는 교육 사상에 더욱 전념하게 된다.

그룬트비는 세 편의 주요 저작을 통해 새로운 교육 철학을 제안했다. 학교 교육은 기계적 암기가 아니라 '살아 있는 말'과 '직접적인 대화'에 기반해야 한다는 것이다. 그가 구상한 교육은 교사와 학생 간의 진실한 대화를 통해 실제 삶의 맥락 속에서 이루어져야 하며, 이를 통해 학생은 자신이 속한 사회와 그 역동성을 이해하고, 더 나아가 그것을 비판하고 변화시킬 수 있는 역량을 갖추어야 한다고 보았다. 그는 이러한 이상을 "삶을 위한 학교$^{school\ for\ life}$"라 불렀다.[50]

그룬트비에게 '삶을 위한 학교'는 단순히 지식을 배우는 공간이 아니었다. 그것은 민주주의의 가능성을 열기 위한 전제 조건이었다. 그의 관점에서 볼 때, 교육을 받지 못한 농민과 같은 평범한 사람들이 단지 투표권을 부여받았다고 해서 민주 시민이 되는 것은 아니었다. 자신의 협소한 이해관계를 넘어 사회 전체를 조망할 수 있는 능력과 역사적 이해가

없이는, 민주 사회에 의미 있게 참여할 수 없기 때문이다.

그룬트비는 서민이 호이스콜레højskoler(민중고등학교)와 같은 '삶의 학교'를 통해 사회와 삶을 성찰하는 힘을 기를 때, 비로소 개인 이익에만 갇힌 무리에서 공동체 전체를 생각하는 '하나의 국민people'으로 성장할 수 있다고 보았다.

그룬트비의 이러한 사상은 호이스콜레를 통해 실천으로 옮겨졌다. 1844년 첫 번째 학교인 뢰딩 호이스콜레Rødding Højskole가 문을 열었고, 이후 1850~70년대에 걸쳐 많은 학교들이 설립되었다. 1844년부터 1908년 사이에 약 25만 명의 17~25세 젊은이들이 이 학교들에서 배움을 경험했고, 그들 대부분은 농촌 출신의 평범한 청년들이었다.[51] 이 과정을 통해, 그룬트비가 꿈꾼 '깨인 민중' – 즉, 자기 인식이 뚜렷하고 적극적으로 사회에 참여하는 민주 시민 – 이 실제로 형상화되기 시작했다.

이러한 발전은 덴마크에서 민주주의가 공식적으로 도입되고 참정권이 확대되던 시기와 맞물려 일어났으며, 이는 결코 우연이 아니었다. 1849년 덴마크는 최초의 민주적 헌법을 채택했지만, 선거권은 재산과 일정 소득을 보유한 남성에게만 제한적으로 주어졌다. 대부분의 만 25세 이상 시민에게 참정권이 부여된 것은 1915년 헌법 개정을 통해서였다. 이때 비로소 국민을 대표하는 참된 정부로 나아가는 길이 열렸다.

그룬트비와 민중고등학교 운동은 덴마크 사회가 민주 시민을 길러내는 데 있어 중대한 전환점을 이룬 사건이었다. 하지만 기존의 공립학교 체제는 여전히 보수적인 틀과 전통적인 교수법에 머물러 있었다. 그룬트비의 교육철학이 공교육 체제 전반에 스며들기까지는 교사 양성과 교육철학에 대한 지속적인 논쟁과 실천이 필요했다.

덴마크 공교육이 민주주의 교육으로 방향을 전환한 결정적 계기는 1937년 제정된 학교법 School Act of 1937이었다. 이 법은 민주주의 교육을 명시적으로 언급하지는 않았지만, 이전까지 강조되었던 질서와 복종 중심의 교육 대신, 학생의 능력, 재능, 인격 발달을 중시한다고 명확히 천명하였다.[52]

이는 자유민주주의의 기본 전제인 유능하고 자유로운 사고를 지닌 시민을 양성하는 데 필요한 자질과 능력에 초점을 맞춘 법 개정이었다.

1937년 학교법 개정에는 민중고등학교 운동이 일정한 역할을 하긴 했지만, 당시 나치 독일의 공격적 외교 정책에 대한 두려움 또한 교육 사상의 방향 전환에 영향을 미친 것으로 보인다. 당시 덴마크는 군사력만으로는 스스로를 방어할 수 없다는 현실을 자각했고, 그 대안으로 '내적 방어력 inner defence', 즉 개개 시민의 내면에 민주주의적 신념과 가치를 내면화하는 데 주목하게 되었다.

정부는 이러한 내적 방어가 덴마크 내의 친나치 세력이 권력을 장악하지 못하게 막을 수 있으며, 설령 외세에 침략당하더라도 비민주적이고 도덕적으로 타락한 나치즘 이데올로기로부터 덴마크의 제도와 문화를 지켜낼 수 있는 힘이 될 것이라 믿었다.

실제로 2차 세계대전과 나치의 덴마크 점령(1940~1945)을 겪은 후, 덴마크 사회 전체는 자국의 민주주의 정신과 문화가 권위주의적 이념에 굴복하지 않았다는 자긍심을 공유하게 되었다.

나아가 독일, 이탈리아, 일본의 파시즘 정권이 몰락하고, 그들이 자국민과 점령지 국민에게 자행한 잔혹한 행위들이 드러나면서 많은 이들이 다시금 확신을 갖게 되었다. 즉, 정의롭고 지속 가능한 사회는 강력한 민주주의 문화 위에서만 가능하다는 믿음이었다.

이러한 역사적 흐름 속에서 우리는 다시 처음에 언급했던 신학자이자 공적 지식인이었던 코흐에게로 되돌아가게 된다. 그는 이러한 사상을 누구보다 먼저, 그리고 명확하게 언어화한 인물이자, 『민주주의란 무엇인가?』라는 저작을 통해 이를 정리한 장본인이었다. 그는 그룬트비가 닦아 놓은 토대 위에서, 이미 민중고등학교에서는 수십 년간, 공립학교 체계에서도 일정 부분 실천되어 온 덴마크식 민주주의의 이해를 탁월한 통찰력과 명료한 언어로 개념화하였다.

하지만 코흐를 진정으로 돋보이게 한 점은, 민주주의 문화의 토대는 단지 제도에 있는 것이 아니라, 대화, 이성, 상호 이해를 중시하는 도덕적·문화적 태도에 있다는 점을 분명히 밝혔다는 데 있다.

그는 또한 민주주의 문화란 도달해야 할 고정된 목적지가 아니라, 끊임없이 새롭게 갱신되어야 하는 과정이라고 강조했다. 코흐는 "모든 세대는 교육, 대화, 시민 참여를 통해 민주주의 속으로 '다시 태어나야 한다'"고 말한다.

그로부터 30년이 지난 1975년, 덴마크 학교법 School Act of 1975 제정을 통해 덴마크 교육 시스템은 민주시민교육을 공식적으로 채택하게 된다. 다음은 학교법에 명시된 초등학교 교육의 목표이다:

> 초등학교는 학생들을 민주 사회에의 참여와 공동의 과제 해결에 대한 공동 책임을 질 수 있도록 준비시킨다. 따라서 학교의 수업과 일상 전체는 사상과 표현의 자유, 민주주의의 원리에 기반해야 한다. [53]

1975년 학교법은 100여 년에 걸친 발전의 결실이었다. 그룬트비가 1830년대에 남긴 글들, 1844년에 시작된 민중고등학교의 설립, 그리고 코흐가 제시한 "민주주의란 곧 대화의 문화"라는 폭넓은 주장들이 결국 민주시민교육을 덴마크 교육의 핵심 기둥으로 자리매김시키는 데 이르렀다.

1975년 이후, 민주주의 교육, 더 넓게는 삶의 문화로서의 민주 시민성 교육은 덴마크의 아동 양육 전반에 깊이 스며들게 된다. 이는 부모의 양육 방식, 유아 교육, 교사와 학생의 관계 등 사회 전반의 모든 영역에 영향을 미친다. 다음 절에서는 2025년 현재 덴마크 사회에서 이러한 민주시민교육이 어떻게 구체적으로 실현되고 있는지를 살펴볼 것이다.

## 덴마크의 교육과 양육에 깃든 민주주의 문화

### 유치원에서 시작되는 민주주의 교육

덴마크의 아이들은 아직 '민주주의'라는 개념을 이해하기도 전에, 유치원 시기부터 다양한 일상 경험과 활동을 통해 민주주의 문화를 구성하는 가치들을 배우기 시작한다.

덴마크 아동청소년교육부 Ministry of Children and Education는 모든 유아교육기관과 유치원에서 길러야 할 여섯 가지 핵심 역량을 다음과 같이 제시하고 있다:

- 다면적 개인 발달
- 사회성 발달
- 의사소통 및 언어
- 신체, 감각, 움직임
- 자연, 야외활동, 과학
- 문화, 미적 감수성, 공동체[54]

이 가운데 일부 역량은 어린이들이 민주적 사고방식을 형성하는 데 직접적으로 연결되어 있다. 예를 들어, '사회성 발달 social development'은 "또래 및 성인과의 긍정적인 상호작용에 필수적인 협력, 공감, 갈등 해결과 같은 기술을 촉진하는 것"을 의미한다. 다시 말해, 이는 훗날 아이들이 코흐 Hal Koch가 말한 "대화와 상호 이해"에 참여하는 데 필요한 토대가 된다.

다른 역량들도 보다 간접적인 방식으로 민주주의 문화 형성에 기여한다. 예를 들어, '다면적 개인 발달 versatile personal development'은 아이들이 자신의 정체성을 탐색하고 이해하도록 도우며, 이를 통해 자존감과 정서적 회복탄력성을 기르도록 한다. 정체성 형성은 결국 자신의 의견을 형성하고 표현할 수 있는 지식과 용기를 키우는 일이며, 처음에는 개인적이고 일상적인 문제에서 출발하지만, 성장함에 따라 사회적·정치적 사안으로까지 확장된다.

위에서 소개한 역량들에는 아이들 사이에 불건전한 경쟁을 유발할 수 있는 요소가 의도적으로 제외되어 있다. 이는 아이들이 성과 중심의 자신감 self-confidence보다 존재 기반의 자존감 self-esteem을 길러야 한다는 철학에 기반한다.

이 점은 이 책의 저자 이혁규가 앞서 지적했듯이, 자존감은 낮고 자신감만 높은 사람들이 민주주의의 핵심 가치를 위협할 수 있다는 주장과도 연결된다. 예컨대, 그런 사람들은 선거에서 이기는 것이 국민의 의사를 존중하는 것보다 중요하다고 여길 수 있으며, 이는 한국에서 2024~2025년 헌정 위기를 초래한 원인 중 하나일 수 있다고 이혁규는 분석하였다.

이러한 관점을 따르자면, 덴마크가 자신감보다는 자존감을 강조해 온 교육 철학은 비록 명시적으로 드러나지는 않았더라도, 결과적으로 덴마크 아동들 사이에서 민주적 사고방식을 형성하는 데 기여했을 가능성이 있다.

### 초등학교와 중등학교

덴마크의 초등교육법(Folkeskole법)은 "학생들이 자유와 민주주의에 기반한 사회에서 권리와 의무를 행사하고, 이에 참여하며, 책임질 수 있는 시민으로 성장할 수 있도록 준비시켜야 한다"고 명시하고 있다.[55]

이는 중등학교 교육에도 마찬가지로 적용된다. 중등학교의 주요 목표는 민주주의에 대한 이해 증진, 책임감과 윤리의식의 함양, 그리고 사회와 민주주의에 대한 적극적 참여를 지원하는 것이다.[56]

흥미로운 점은, 이러한 명확한 법적 근거와 문화적 헌신이 있음에도 불구하고, 덴마크 학교들은 전통적으로 이러한 가치들을 '강의' 방식으로 전달하지 않았다는 것이다. 오히려, 민주주의적 실천을 학교의 일상 속에 녹여내어 학생들이 이를 직접 체험하도록 하는 것이 교육 철학의 핵심이다. 즉, "말로 가르치지 말고 보여주라"는 것이다.

덴마크의 초등학교와 중등학교에서는 학생이 학교 운영에 참여하는 구조가 제도적으로 보장되어 있다. 모든 학교의 운영위원회에는 학생 대표가 최소 한 명 이상 반드시 포함되어야 하며, 이 대표는 학생들의 직접 선거로 선출된다. 그는 학생 전체의 의견을 공식적으로 표현하고 대변하는 역할을 수행한다.

이 학생 대표의 목소리는 운영위원들에게 매우 중요하게 여겨진다. 그는 단지 형식적인 '학생 참여'의 명분을 위한 얼굴마담이 아니라, 실질적으로 숙제의 양, 학교 문화, 수업 방식 등 중요한 사안에 영향을 미치는 학생들의 의견을 수렴하고 제안하는 주체로 기능한다.

교실 수업에서도 교사들은 단순히 지식을 전달하는 데 그치지 않고, 학생들이 현실 문제를 분석하고 참여할 수 있도록 수업을 설계한다. 이러한 접근은 학생들의 흥미를 유도할 뿐 아니라, 사회적 이슈와 정치적 논쟁에 능동적으로 참여할 수 있는 시민으로 성장하는 데 필수적인 교육 실천으로 여겨진다.

대부분의 학습 활동은 비판적이고 독립적인 사고 능력을 기르는 데 초점이 맞춰져 있다. 예를 들어, 학생들은 수학적 능력이나 정치 이론, 수사학적 기술 등을 활용하여 수업 주제로 삼은 현실 문제를 분석하고 해결책을 도출하도록 훈련받는다.

또한, 덴마크의 교육 문화는 학생 중심 학습이 지배적이기 때문에, 교사는 지식을 주입하는 강사라기보다는 학문적 안내자의 역할을 수행한다. 이로 인해 경청과 협업 능력은 중요한 교육 목표로 간주된다.

이러한 교육 문화는 시험 제도에도 반영되어 있다. 특히 구술시험이 많은 덴마크에서는, 시험이 단순한 암기력 평가가 아니라 교사와 학생 간의 학문적 대화 형식으로 이루어진다. 이 대화는 학생의 지식뿐 아니라 분석력, 경청력, 그리고 상대의 주장에 반응하고 응답하는 능력까지 함께 평가한다. 즉, 이것은 민주사회 구성원으로서 요구되는 핵심 역량을 시험하는 방식인 셈이다.

또한 학생들은 반 친구들을 경쟁자라기보다 함께 배우는 동료로 인식하도록 교육받는다. 교사가 학생 간 성과를 비교하거나, 특정 학생의 낮은 성취를 공개적으로 지적하는 행위는 지양되며, 경우에 따라 중대한 징계 사유가 될 수 있다.

무엇보다 중요한 점은 민주주의 문화가 교사와 학생 간의 관계 속에서 형성된다는 점이다. 덴마크 학교에서 학생은 단순한 '아이'가 아니라 '젊은 성인'으로 간주된다. 학문적 주제에 대해 비판적으로 질문하거나 공개 토론에 참여하는 일은 결코 무례한 행동으로 간주되지 않으며, 오히려 학생의 분석적 사고와 민주적 사고방식을 기르는 소중한 기회로 여겨진다. 이러한 태도는 궁극적으로 학생들이 자기 주도적으로 학습할 수 있다는 교사의 신뢰에 기반하고 있다.

### 민주적 양육

덴마크 학교가 비판적 사고와 대화 중심의 민주주의 문화를 교육의 핵심에 둔다면, 가정 내 양육 방식 역시 그 철학을 자연스럽게 반영하고 있다. 이러한 접근은 일반적으로 '민주적 양육democratic parenting'이라 불린다. 그 목표는 자기 주도적이고 공감 능력이 뛰어나며, 자신의 의견을 자신 있게 표현하면서도 타인의 관점을 존중할 줄 아는 아이로 키우는 데 있다.

덴마크의 부모들은 일반적으로 결과보다는 노력에 대해 칭찬하며, 아이를 또래와 비교하거나 우월감을 조장하는 칭찬은 지양한다. 부모는 아이의 말을 경청하고, 그 의견을 진지하게 받아들이기 위해 노력한다.

훈육에서도 협박이나 강제는 부정적으로 여겨진다. 대신 부모는 어떤 행동이 왜 부적절한지를 아이가 이해할 수 있는 방식으로 설명하고자 한다. 그 목적은 아이가 외부의 처벌에 대한 두려움이 아니라 자기 성찰과 이해를 바탕으로 스스로의 행동을 조절할 수 있도록 돕는 데 있다.

## 덴마크의 민주시민교육 개선 노력과 한국 사회에 주는 함의

민주주의를 하나의 문화로 이해할 때, 우리는 민주주의 체제를 유지하는 일이 결코 완결된 과제가 아니라는 점을 자연스럽게 받아들이게 된다. 그것은 끊임없이 지속되어야 하는 과정이다. 지난 10~15년 동안 덴마크에서는 청년층 사이에서 민주주의에 대한 신뢰가 느리지만 꾸준히 감소해 왔다. 여기서 '민주주의에 대한 신뢰'란, 젊은 세대가 현재의 정치 현안에 대해 잘 알고 있으며 자신의 의견이 경청받을 가치가 있다고 믿는 정도를 의미한다.

덴마크에서 민주주의에 대한 신뢰 하락은 미래의 민주주의 문화에 잠재적 위험이 될 수 있기 때문에, 많은 학교들이 이 문제에 다양한 방식으로 대응하기 시작했다. 상당수의 학교들은 그동안의 교육 방식, 즉 민주주의를 별도의 교과로 가르치기보다 학교생활 속에서 체험하게 한다는 방침을 바꾸어 민주주의를 주제로 한 실제 수업을 도입하기 시작했다.

이들 학교는 자유민주주의가 권위주의 체제보다 훨씬 우수한 정치 체제임을 명확히 가르치는 수업을 도입했다. 학생들은 이러한 수업을 통해 자유민주주의가 자신의 삶에 왜 중요한지를 구체적인 사례를 통해 이해하게 된다. 예컨대, 자기 의견을 글로 표현하거나 평화적 시위에 참여하고, 공적 토론에 적극적으로 나서는 등의 경험이 그것이다. 수업에서는 또한 권위주의 체제 하에서 개인의 자유가 얼마나 쉽게 침해될 수 있는지도 강조하는데, 이는 학생들의 일상생활과 연결하여 설명된다. 예컨대, 민주사회에서 흔한 소셜 미디어의 정치적 표현이 권위주의 국가에서는 투옥으로 이어질 수 있다는 사실을 보여주는 식이다.

요컨대, 이 접근법은 과거 '비판적 사고'를 명분으로 자유민주주의 자체를 지나치게 부정적으로 바라보던 경향에서 벗어나, 이제는 민주주의적 자유의 가치가 청소년들에게 실제적이고 의미 있게 다가갈 수 있도록 방향을 전환했음을 보여준다.

한국 역시 자국 상황에 맞는 방식으로 민주주의 문화를 심화시켜야겠지만, 자유민주주의의 원칙을 명확히 지지하고 그 중요성을 학생들이 자신의 삶과 연결지어 이해할 수 있도록 구성된 이러한 교육과정은 한국 사회에 유의미한 시사점을 줄 수 있을 것이다.

민주주의를 문화로 이해한다는 것은 곧 그 사회의 문화 속에서 민주주의와 충돌할 수 있는 요소들까지 함께 살펴보아야 한다는 뜻이기도 하다. 한국은 민주적 문화를 만들고 유지하기 위해 다양한 노력을 하고 있다. 예를 들어, 덴마크처럼 한국의 유치원에서도 공감과 협력 같은 민주적 역량을 중시하고 있으며, 이는 일정 부분 초·중등 교육에서도 나타난다. 하지만 이혁규의 지적처럼, 한국 사회에 깊이 뿌리내린 극심한 경쟁 문화가 민주주의의 가치를 해칠 수 있다는 점을 떠올려 보면, 공감과 협력을 강조하는 교육이 과연 이러한 경쟁 환경 속에서도 본래 의도한 효과를 낼 수 있을지 의문이 제기된다.

덴마크의 민주주의 문화를 통해 한국이 가장 깊이 고민해볼 수 있는 교훈은 '극단적인 경쟁 사회'에 제동을 걸 필요가 있다는 점일 수 있다. 그렇지 않으면 공감과 경청, 협력처럼 민주주의가 요구하는 핵심 역량은 성적, 승진, 연봉, 심지어 생존까지 걸린 무한 경쟁 사회의 압박과 끊임없이 충돌하게 된다. 민주적 자질의 함양이 사회 구조 자체와 어긋나는 현실 속에서는 교육의 노력 역시 결국 제자리걸음을 할 수밖에 없다.

이 문제는 결코 단순하지 않다. 한국 사회의 극심한 경쟁 문화는 오늘날의 경제적 성공을 이끈 주요 동력 중 하나였으며, 그만큼 사회 전반에 깊이 뿌리내려 있다. 하지만 출발점은 경쟁에 대한 새로운 관점을 받아들이는 것일 수 있다. 즉, 타인과의 비교가 아닌 학생으로서, 친구로서, 시민으로서 자신을 더 나은 존재로 성장시키려는 '내면의 경쟁'에 초점을 맞추는 방식은 경제적 성과를 떨어뜨리지 않아도 된다. 실제로 천연자원이 부족한 덴마크는 세계에서도 손꼽히는 1인당 GDP를 기록하고 있다. 또한 공감·협력·비판적 사고·경청 등 민주적 문화를 유지하는 데 필요한 역량들은 21세기 글로벌 시장에서도 충분히 요구된다. 예컨대, 2025년 6월 현재 유럽 시가총액 1위 기업인 덴마크의 노보 노디스크 Novo Nordisk 도 이러한 인간적 역량을 중시하고 있다:

> " … 뛰어난 소통 능력과 대인관계 역량, 협업 정신, 다양한 문화에 대한 존중, 그리고 품질 중심의 사고, 적극성, 변화에 대한 열린 태도를 지닌 인재."

덴마크가 민주적 시민을 양성함으로써 민주주의를 강화하고 지속시키려는 노력은 한국에도 중요한 시사점을 제공할 수 있다. 예컨대, 현실적인 영향력을 지닌 학생회를 운영하거나, 쟁점 문제 등 실생활의 문제를 중심으로 한 수업을 한국에서 도입하는 것이 불가능할 이유는 없다. 교사들이 학생 간의 대화를 이끄는 촉진자로서의 역할을 수행하도록 훈련하는 일 역시 충분히 실현 가능하며, 실제로 현재 한국 학교에서 다양한 교육 운동의 형식으로 시도되고 있는 것으로 알고 있다.

마찬가지로 혁신과 기술, 경제에서의 성과는 물론 짧은 역사에도 불구하고 민주주의를 성공적으로 유지해 온 한국의 경험은 덴마크에 유의미한 자극이 될 수 있다. 물론 두 나라의 문화가 매우 다르기 때문에 서로의 방식을 그대로 모방하기는 어렵다. 그러나 서로의 경험에서 영감을 얻고, 그것이 상호 간에 동기 부여가 될 수 있다는 점에서 두 나라의 교류는 매우 의미 있다.

이제 서로에게 영감을 주는 민주주의의 정신을 되새기며, 덴마크 민주주의 역사에서 가장 중요한 전환점 중 하나를 소개하며 이 장을 마무리하고자 한다.

바로 1920년 '부활절 위기Easter crisis'로 불리는 사건이다. 당시 크리스티안 10세 국왕은 정치적 이견을 이유로 민주적으로 선출된 정부를 강제로 해산시켰다. 형식적으로는 가능한 조치였지만, 민주주의의 원칙을 존중한다면 결코 행해서는 안 될 일이었다. 이에 국민들이 거리로 나서 민주주의를 수호하겠다는 뜻을 분명히 했고, 결국 닷새 만에 국왕은 뜻을 굽히고 물러서야 했다. 이 사건은 덴마크 민주주의가 권위주의를 넘어 시민의 힘으로 세워졌음을 보여주는 상징적인 순간으로 기억된다. 덴마크 역사에서 '부활절 위기'는 권위주의적 지도자조차 넘볼 수 없을 만큼 민주주의 문화가 이미 굳건히 자리 잡았음을 보여주는 상징적인 사건으로 기억된다. 마찬가지로 한국의 2024~2025년 헌정 위기 역시 훗날 그런 사건으로 기억될지도 모른다. 권위주의적 성향을 가진 지도자가 국민의 민주적 의지를 거스르려 한 마지막 시도로, 다시는 그런 시도가 반복되지 않도록 한 계기로 말이다.

## 라운드 테이블

1. 덴마크가 민주주의를 '제도'가 아니라 '문화'로 정착시킬 수 있었던 핵심 요소는 무엇이라고 생각하는가? 한국 사회에서 민주주의 문화를 정착시키기 위해 가장 시급한 실천 방안을 구체적으로 제안해 보자.

2. 덴마크 교육에서 민주주의 문화를 배우는 방식이 한국에서 실현되려면 어떤 장애물을 극복해야 할까? 경쟁 중심 교육과의 충돌을 포함해 구체적인 대안을 고민해 보자.

3. '민주적 양육'은 아이를 독립적이고 공감 능력이 뛰어난 시민으로 키우는 것을 목표로 한다. 현재 한국 사회의 가정과 양육 문화는 이에 얼마나 부합한다고 생각하는가?

4. 덴마크의 학생 참여 방식을 한국 학교에 도입했을 때 기대되는 변화와 현실적 어려움은 무엇이라고 생각하는가? 자신의 생각을 장단점과 함께 정리해 보자.

5. '자존감'을 강조하는 덴마크식 교육이 민주주의 발전에 기여하는 방식은 무엇일까? 자존감과 자신감의 차이를 민주주의 관점에서 어떻게 이해하며, 개인적으로 어떤 경험을 통해 이를 실천하고 싶은가?

생각과 메모

# 민주주의와 연관된 나의 한국현대사

\*\*\*

12.3 비상계엄 이후 탄핵에 이르기까지, 조선일보와 경향신문의 보도는 매우 달랐다. 만약 몇 천 년 뒤 이들 중 한쪽의 기록만 남는다면, 역사는 전혀 다른 모습으로 해석될지도 모른다. 이처럼 '객관적인 역사 서술'이란 실상 존재하기 어렵다. 무엇을 기록하고 어떻게 해석하느냐는 모두 기록자의 주관적 입장을 반영하게 마련이다.

이 점에서 유시민의 『나의 한국현대사 1959-2020』은 자신이 태어난 해를 기점으로 주관적으로 현대사를 서술함으로써 역사 서술의 이러한 특징을 잘 보여준 베스트셀러이다.

이 책 이야기를 꺼낸 이유는, 나 역시 우리나라 민주주의 성장 과정을 나의 경험에 비추어 풀어보려 하기 때문이다. 다른 절들과는 성격이 다소 다르다는 점을 감수하고, 우리나라의 민주화와 그 이후 성장 과정을 나의 체험을 중심으로 서술하려고 한다.

그 첫 번째 이유는, 대한민국 민주주의의 대하드라마를 객관적으로 그리고 짧은 분량으로 다루는 것이 불가능하기 때문이다. 다른 하나는, 평범한 이의 삶 또한 민주주의와 연관지어 서술하고 해석해 보는 경험 자체가 중요하다고 보기 때문이다. 여러분도 자신의 삶을 우리나라 민주주의의 역동적 변화 과정과 연결지어 해석해 보면 어떨까 제안해 본다.

\* \* \*

## 권위주의 시대를 넘어서 민주화로

민주주의로 나아가는 여정을 이해하려면, 먼저 그 이전 시대를 온몸으로 겪었던 기억부터 되짚어 보아야 한다. 나에게 민주주의는 어느 날 갑자기 주어진 제도가 아니었다. 그것은 권위주의 체제의 공기 속에서 어렴풋이 느낀 갈망이었고, 그 시작은 어린 시절 초등학교 교실에서부터 비롯되었다.

나는 1971년 초등학교에 입학했다. 이듬해인 1972년, 유신헌법이 공포되었으며, 모든 교과서에는 태극기와 국민교육헌장이 실렸다. 학교에서는 "김유신은 삼국 통일, 10월 유신은 조국 통일"이라는 구호를 배웠던 기억이 나고, 국민교육헌장을 외워 선생님 앞에서 암기 시험을 치르곤 했다.

그런데 지금도 의문이 남는 대목은 그 엄혹한 유신 체제 아래에서도 한 주에 한 번씩 HR 시간을 통해 학급 회의를 하고 전교 대의원회를 운영했다는 사실이다. 왜 그런 제도를 완전히 없애지 않았는지는 풀어야 할 연구 과제처럼 느껴진다. 어쨌든, 어린 초등학생으로서 나는 이 참여 경험을 통해 민주주의에 대한 초기 감각을 얻게 되었던 것 같다.

한편, 아침이면 "새벽종이 울렸네, 새 아침이 밝았네"라는 새마을운동 선전 음악이 청소차 스피커를 통해 마을에 울려 퍼졌고, 마을 곳곳에 남아 있던 초가집들이 하나둘 철거되는 모습도 지켜보았다. 방역 소독차를 쫓아다니며 하얀 연기 속을 달리던 기억은 지금도 생생하다.

초등학교 5학년 무렵, 담임선생님은 "국민소득 1,000달러, 수출 100억 불"을 달성하면 대한민국이 좀 더 잘사는 나라가 될 것이라고 말씀하셨다. 나중에서야 깨달았지만, 이 시기는 온 국민이 '잘살아보세'라는 구호 아래 한 방향으로 달려가던 시대였다.

1979년 중학교 3학년이던 나는 군인이셨던 아버지를 따라 서울 강동구에 위치한 동신중학교로 전학했다. 그해 10월 26일, 박정희 대통령이 피살되었고, 장례식 날 수많은 인파가 거리에 나와 흐느끼던 장면이 아직도 뚜렷이 기억난다. 비로소 병영국가처럼 일사불란하게 움직였던 한 시대가 막을 내렸음을, 그때는 몰랐지만 서서히 실감하게 되었다.

이듬해인 1980년 나는 중경고등학교에 입학했다. 이 학교는 군인 자녀들을 위한 특수목적 고등학교였고, 설립자는 아이러니하게도 박정희 대통령을 시해한 김재규였다. 그해 5월, 신군부의 등장을 저지하려는 대학가의 시위가 전국적으로 확산되었고, 고등학교에도 영향을 미쳐 학생들의 동조 시위가 이어지는 등 정국은 어수선했다. 우리 학교가 서울역과 가까웠기 때문에, 매일같이 대학생들의 시위 소식이 들려왔다.

전두환은 비상계엄을 선포하고 광주의 평화적 시위를 군사력으로 진압한 뒤 정권을 장악했다. 그러나 언론이 철저히 통제된 상황 속에서 나는 당시의 진실을 알지 못했고, 그 실상을 대학에 들어가서야 비로소 구체적으로 알게 되었다.

1983년 나는 대학에 입학했다. 전투경찰이 상주하고, 사흘이 멀다 하고 최루탄이 터지는 캠퍼스에서 4년을 보냈다. 나는 운동권에는 속하지 않았지만, 기독교 선교단체 활동에 적극적으로 참여했다. 하나님의 사랑과 공의가 이 땅에서 실현되기를 기도하던 나는, 한때는 목회자가 되기를 꿈꿀 정도로 신앙에 깊이 몰두했던 시기였다. 참고로 그때 내가 믿던 하나님, 그리고 지금도 내가 믿는 하나님은 현재의 극우보수 교단들이 말하는 하나님과는 다른 하나님이다.

1987년 나는 학교에 발령을 받아 첫 교사 생활을 시작했다. 그해에도 7년째 집권 중이던 전두환이 평화적으로 권력을 이양하리라고 믿는 사람은 많지 않았다. 그러나 국민의 민주화에 대한 열망은 결국 역사의 물줄기를 바꾸어 놓았다. 그해 봄, 박종철 고문치사 사건이 알려졌고, 이는 곧 전국적인 6월 항쟁으로 확산되었다. 결국 노태우의 6.29 선언으로 이어지며, 직선제 개헌이라는 역사적 성취를 이뤄내게 된다.

교사로서 첫해를 보내고 있던 나는 직접 시위에 나서지는 못했지만, 조국의 민주화를 위해 울부짖고 기도하는 것이 최선이라고 믿었던 한 사람의 기독교인이었다. 다만 호헌 철폐와 헌법 개정의 필요성을 수업 시간에 학생들과 나눈 것이 문제가 되어, 교장 선생님께 두 차례나 불려가 주의를 받기도 했다.

그 시기 나는 민주주의에 대한 열망은 컸지만, 행동보다는 기도와 내면의 신념에 머물러 있었던 것으로 기억된다. 지금 돌아보면, 몸을 던져

고문을 당하고, 때로 목숨까지 바쳐야 했던 동년배들이 떠올라 부끄러운 마음이 든다. 그리고 그 부끄러움이야말로, 지금도 내가 교육운동과 시민운동을 멈추지 않는 가장 깊은 내적 동기임을 고백하게 된다.

＊ ＊ ＊

## 민주화 이후의 민주주의 여정

한 사람이 20대 초반을 어떻게 보냈는지만으로 그의 인생 전체를 설명할 수는 없다. 이제 환갑을 넘긴 나이에 돌아보면, 나에게 영향을 준 것은 고아와 과부를 돌보는 하나님에 대한 신앙, 권위주의 정권하에서 최루탄이 난무하던 대학 생활, 학부 시절 손봉호 교수님의 가르침, 그리고 민주시민교육을 목적으로 하는 사회과교육과를 전공했다는 사실이다. 이러한 경험을 바탕으로, 나의 삶을 크게 직장인·학자·시민이라는 세 영역에서 민주주의와 연관지어 서술해 보고자 한다. 이 글에서는 우선 직장인으로서 민주주의 체험을 먼저 기술하고자 한다.

### 직장인으로서 경험한 민주주의

나는 1987년부터 약 10년 동안 중고등학교 교사로 일했고, 1997년 9월부터는 청주교육대학교에서 근무하고 있다. 이 중 민주주의와 관련해 기억에 남는 몇 가지 장면을 떠올려 본다.

첫째, 1988년 교사 2년 차에 평교사협의회 회장을 맡았던 경험이다.

당시 전국적으로 민주화 운동의 열풍이 불면서, 관료적이고 권위적인 학교 문화를 바꾸기 위해 학교마다 평교사협의회가 조직되었다. 나의 첫 발령지였던 성내중학교도 예외는 아니었다.

당시 교장 선생님은 인격적으로는 괜찮은 분이셨지만, 일제 강점기의 교육방식을 연상케 하는 권위적인 운영 방식을 고수하고 계셨다. 이에 교사들 사이에서 불만이 커졌고, 전체 60여 명 중 40명 이상이 평교사협의회에 가입했다. 아마도 그 일대 학교들 가운데 가장 높은 가입률이었을 것이다.

그런데 창립총회 날까지도 회장을 맡겠다고 나서는 사람이 없었다. 민주화의 흐름이 아직 안정되지 않았던 시기였기에, 불이익을 감수해야 할지도 모른다는 두려움이 있었다. 나는 그날 사회를 맡기로 되어 있었지만, 분위기가 점점 나에게로 쏠렸다. 결혼도 하지 않았고, 사회과 전공이라는 이유로 '적임자'라는 의견이었다. 그렇게 해서, 23세의 나이에 평교사협의회 회장을 맡게 되었다. 교장 선생님과 교섭하고, 외부 운동과 연계하며 민원을 처리하던 그 시절은, 지금 돌아봐도 신기하고도 낯선 젊은 날의 기억으로 남아 있다.

그러나 이 활동은 오래가지 못했다. 1989년 교육운동 세력은 평교사협의회를 노조로 전환했고, 정부는 이를 불법으로 규정하면서 대규모 해직 사태가 발생했다. 나는 우리 학교 조직을 분회로 전환하고 총대를 메야 하는 위치에 있었지만, 몇 주간의 고민 끝에 해직의 길을 선택하지 않았다. 민주주의에 대한 나의 신념이 약했기 때문일 수도 있다. 한편으로는, 대학 시절 기독교 운동에 집중했던 나로서는, 사회구성체론에 기반한 노동운동 노선에 충분히 동의하지 못했던 것도 이유 중 하나였다.

1996년 나는 박사과정을 마치고 청주교육대학교에 전임강사로 발령을 받았다. 그런데 이곳에서도, 교사 시절과 마찬가지로 직장 2년 차에 다시 민주화의 소용돌이 속에 들어가게 되었다.

당시 총장은 나의 첫 발령지 교장을 떠오리게 할 만큼 권위적인 리더십을 가진 인물로 기억된다. 이에 그의 의사결정 방식에 문제의식을 지닌 몇몇 교수들이 신임 교수들에게 교수협의회 창립을 제안했다. 전국 교육대학교 가운데 우리 대학에만 교수협의회가 없었다는 사실 또한 그 제안의 배경이었다.

그렇게 교수협의회를 창립하고 대학 민주화를 위해 분투하던 시기, 나는 다시 한 번 '젊은 결기'로 중심적인 역할을 맡게 되었다. 임기 보장이 2년에 불과한 전임강사가 총장에 반대하는 일에 적극 참여했으니, 지금 생각하면 무모했지만 그만큼 뜻깊은 결정이었다. 결국, 교수협의회가 지지한 후보가 총장 선거에서 당선되었고, 그날 나는 감격하여 눈물을 흘렸다. 1997년 우리 대학에서의 변화는, 마치 1987년 민주화를 대학이라는 작은 공간에서 다시 체험한 것처럼 내게 기억된다.

이후 30년 가까이 이 직장에서 근무하면서, 뜻을 같이하는 동료들과 함께 대학을 더 민주적이고 합리적으로 운영하기 위해 힘써 왔다. 우리 대학이 파벌이나 줄서기 없이 일상의 민주주의를 실천하는 공간이 될 수 있었던 것은, 구성원 다수가 사안에 따라 이견을 조율하고 합의를 모아가는 문화를 지켜왔기 때문이다. 나 역시 그 민주적 전통을 함께 만들고 유지하는 데 기여해왔다고 생각한다.

2020년부터 4년간 총장을 맡았다. 코로나와 함께 시작된 임기였기에 어려움도 많았고, 결정해야 할 일도 적지 않았다. 모든 의사결정이 민주적이었다고 말할 수는 없지만, 나는 '민주적인 리더십이란 무엇인가'를 끊임없이 고민했다. 그리고 총장이라는 자리는 내가 잠시 맡았다가 내려놓아야 할 '타이틀'일 뿐이라는 사실을 잊지 않으려 애썼다.

임기를 마치고 강의실로 돌아온 지금, 학생들과 다시 마주하는 시간이 더없이 소중하게 느껴진다. 덧붙이자면, 우리 청주교대에는 총장 임기가 끝나면 교수 호칭으로 자연스럽게 돌아가는 전통이 있다. 대부분의 교수와 직원들이 총장을 계속 '총장님'이라 부르지 않는다. 겉보기에 사소해 보일 수 있지만, 나는 이것이 권위주의가 일상 깊숙이 뿌리내린 한국 사회에서 매우 귀중한 문화라고 생각한다. 그리고 이러한 전통이야말로, 수십 년간 우리 대학이 함께 일궈 온 민주적 문화의 소중한 결실 중 하나라고 믿는다. 생활 속 민주주의란 그만큼 작고 사소해 보일 수 있지만, 사실은 가장 소중한 것이기 때문이다.

### 학자로서 경험한 민주주의

나는 1996년 교실 수업 연구로 박사 학위를 받았다. 약 1년 가까이 동료 교사의 수업을 비디오로 촬영하고 분석한 질적 연구 논문이었다. 당시 기꺼이 수업을 공개해 주신 박정희 선생님과 염문섭 선생님께는 지금도 깊은 감사의 마음을 갖고 있다. 그만큼 수업 공개는 교사들에게 여전히 큰 부담이자 어려운 일이기 때문이다.

내가 교실 수업을 논문 주제로 삼은 데에는 두 가지 이유가 있었다. 첫째, 한국의 교육 현장을 직접 탐구하고 싶었기 때문이다. 나는 석·박사 과정을 거치며, 낮에는 교사로 학생을 가르치고 밤에는 대학원에서 공부하는 생활을 10년 가까이 이어왔다. 그 과정에서 자연스럽게 문제의식이 생겨났다. 대학원에서 배우는 이론들은 대부분 외국 원서를 중심으로 하고 있었고, 그것만으로는 한국 교육 현실을 충분히 설명하기 어렵다는 생각이 들었다. 이 문제의식은 박사 논문의 주제를 한국 교육 현장을 이해하고 분석하는 데 두어야겠다는 결심으로 이어졌다.

둘째, 교실 수업이야말로 공교육의 최전선이라는 믿음이 있었기 때문이다. 아무리 거창한 교육 개혁이나 운동이라 해도, 교실에서 교사와 학생이 행복하게 만나 함께 성장하는 데 기여하지 못한다면 무슨 의미가 있을까 하는 의문이 늘 마음에 남아 있었다.

이런 점에서 질적 연구를 만난 것은 내 학문 인생에 있어 큰 행운이었다. 질적 연구라는 방법론을 통해, 나는 수업과 교실, 학교와 한국 교육을 이해하고, 해석하며, 비평하는 작업을 할 수 있게 되었다. 그리고 그 과정에서 드러나는 교육의 문화적 단층선들은 대부분 거대 이론으로는 잘 포착되지 않는, 일상 속의 민주주의와 깊이 연결되어 있었다.

예를 들어, 교육과정 개정 과정을 연구했을 때는 교과 집단 간의 이기적인 대립이라는 구조적 문제를 볼 수 있었다. 교과서 집필 과정을 들여다보면, 교과서를 규제하는 암묵적 권력의 문제뿐 아니라, 교육자가 교과서를 집필하면서 느끼는 교육적 의미에 대해서도 사유하게 되었다. 교실 수업을 관찰하면서는, 교육과정과 교과서를 해석하고 실천하는 교사의 역할과 전문성에 대해 깊이 고민하게 되었다.

동시에 일제시대부터 이어져 온 권위주의적 장학 문화와 그에 따른 교사들의 피해의식으로 인해 수업의 공개와 공유를 꺼리는 한국 교직 문화의 문제점도 끊임없이 마주하게 되었다. 나는 이러한 제도와 관행을 바꾸어 가는 일이 '삶으로서의 민주주의'를 심화시키는 일과 결코 무관하지 않다고 생각한다.

내 학문 여정에서 또 하나의 전환점은 '수업 비평'이라는 아이디어를 동료들과 함께 개척해 나가면서 찾아왔다. 앞서 언급했듯이 나는 수업에 대한 질적 연구로 박사 학위를 받았다. 그러나 문화기술지적 성격을 띠는 질적 연구는 오랜 시간 현장에 머물며 관찰과 해석을 반복해야 하기에, 그만큼 품이 많이 들어간다. 그래서 학위 과정생이나 전문 연구자가 아닌 교사들에게는 접근이 쉽지 않다.

나 역시 이 문제를 고민하다가 '비평'이라는 장르에서 하나의 해답을 찾게 되었다. 문학이나 영화 비평은 단 한 편의 작품에 대해서도 다양한 해석과 분석이 가능하다. 그렇다면 수업도 하나의 '텍스트'로 보아, 의미 있게 해석하고 공유할 수 있지 않을까? 이런 생각에서 출발해, 수업을 하는 사람과 수업을 보는 사람이 함께 의미를 구성해 나갈 수 있는 새로운 수업 연구 방법을 모색하게 되었다.

더 근본적으로는, 교실의 문을 열지 않는 관행은 교실을 사유화하는 것이라는 사토 마나부의 지적처럼, 수업 연구가 보다 손쉽고도 의미 있게 이뤄질 때 공교육의 공공성이 살아날 수 있다고 생각했다. 나는 지금도 수업 비평이라는 연구 장르가 모래알처럼 흩어져 있던 교사들이 협력적 전문가로 성장하는 데 중요한 역할을 할 수 있다고 믿는다. 꼭 수업 비평이 아니더라도, 교사들이 수업을 공유하는 문화를 정착시키는 일은 공교육의 공공성을 회복하는 일이자, 민주주의를 일상에서 실천하는 길이기도 하다.

내 최근의 학문적 관심은 교사교육 개혁에 있다. 한국의 교육 정책은 여전히 대학입시 제도 개선에 지나치게 매몰되어 있다. 물론 대학입시는 중요한 과제다. 그러나 공교육을 내실 있게 운영하기 위해서는 세계적 흐름에 발맞추어 교사교육에 투자하고, 교사의 지속적 성장에 더 많은 관심을 기울여야 한다. 하지만 정부는 물론 시민사회, 심지어 교사단체들조차 이 문제를 우선순위에 두지 않는다. 그래서 때때로 내 목소리가 광야의 외로운 외침처럼 느껴질 때도 있다.

그럼에도 나는 여전히 확신한다. 학생 한 사람 한 사람의 성장을 진심으로 염려하고, 성적을 기준으로 차별하지 않으며, 교직 생애 전반을 통해 협력적으로 배우고 성장하는 전문가, 그런 교사들이야말로 우리 공교육을 지키고, 한국 민주주의를 성숙시키는 데 가장 중요한 열쇠라고 믿는다. 이러한 문제의식에서 출발하여 2021년 집필한 책이『한국의 교사와 교사되기』이다.

교사교육 개혁과 관련해 기억에 남는 일은, 총장 임기 중 교육대학교 100년 역사상 처음으로 온라인 교수총회를 개최했던 경험이다. 당시 이주호 장관은 교원양성체제 개편을 위해 교육전문대학원 체제 도입을 추진하고 있었다. 이에 대해 전국교원양성대학교총장협의회는 장관과의 공식 대화를 추진했고, 초등교원 양성에는 교육전문대학원보다는 학부·석사 연계의 5~6년제가 더 적절하다는 자체 대안을 제시했다. 이 대안은 전국 교육대학교 교수 약 800명이 참여한 온라인 교수총회에서 논의되었으며, 이는 교육대학 역사상 유례없는 일이었다.

총장들과 함께 이 회의를 성사시킬 수 있었던 것은, 직접 민주주의적 공론장의 의미를 되새기게 해 준 소중한 계기였다. 우리가 제안한 내용의 옳고 그름을 떠나, 이런 공론장의 형식 자체가 한국 사회의 정책 결정 과정에 더 널리 확산되기를 바란다. 그것이야말로 민주주의의 성숙을 위해 반드시 필요한 일이라고 나는 믿는다. 왜냐하면 성숙한 민주주의란 정부가 주도하는 것이 아니라, 아래로부터와 중간 수준의 자발적 행위주체성이 작동하는 사회이기 때문이다.

가장 최근에는 12.3 비상계엄이라는 전대미문의 퇴행적 국면을 맞아, 평소 교류하던 교사 및 연구자 단체들과 함께 『덴마크는 어떻게 민주시민을 기르는가?』, 『핀란드는 어떻게 민주시민을 기르는가?』라는 제목의 민주시민교육 국제포럼을 온라인으로 개최했다. 교육부나 교육청의 지원 없이, 순수 민간 단체들의 자발적 연합으로 이러한 행사를 열 수 있었다는 점은 무척 뜻깊다.

좋은 협력은 좋은 사회를 만들고, 민주주의의 성숙을 이끈다. 그리고 우리보다 앞선 나라들의 경험에 대해 열린 자세로 배우려는 태도 또한 지금 우리에게 절실히 필요한 덕목이다. 앞으로도 나는 이러한 행사를 계속 기획해 나갈 생각이다.

### 시민으로서 경험한 민주주의

대학 시절, 나는 학과의 손봉호 교수님께서 진행하신 사회윤리 및 사회철학 강의를 여러 차례 수강했다. 그리고 사회학과 한상진 교수님의 「시민사회론」 강의도 들었다. 이러한 학문적 배경은 자연스럽게 시민단체와 시민사회에 대한 관심으로 이어졌다.

특히 손봉호 교수님은 장애인 봉사 단체를 비롯한 여러 시민단체에서 활발히 활동하고 계셨고, 나는 그 모습을 멀리서 지켜보며 사회봉사의 중요성을 배울 수 있었다. 내가 시민단체에서 본격적으로 활동하기 시작한 것은 청주에 정착한 이후였다. 아무 연고도 없는 지역에 정착하면서, 지역사회에 동화되고 봉사하며 기여하고 싶다는 마음이 컸다. 그래서 여러 시민단체를 찾아보던 중, 결국 정착하게 된 곳이 충북참여자치시민연대였다.

내가 이 단체와 인연을 맺은 것은 2000년 경이었다. 돌이켜 보면, 그 시기는 시민운동이 전국적으로 가장 활발했던 때였다. 전국의 시민단체들이 국회의원 선거를 앞두고, 부적절한 후보의 당선을 막기 위한 '낙천·낙선 운동'을 전개하고 있었다. 이 시기 지역의 시민단체들이 대학에 공문 형식으로 대표자 참여를 요청했고, 우리 학교에서는 내가 추천되어 활동하게 되었다. 그 인연을 계기로, 지금까지 20년 넘게 충북참여자치시민연대에서 활동해 오고 있다.

참고로 이 단체는 충북 지역에서 가장 영향력 있는 시민단체 중 하나로, 창립 35년이 넘는 역사 동안 도덕성 논란에 휘말린 적이 없는 매우 건전한 단체다. 나는 이곳에서 교육위원장, 정책위원장, 집행위원장 등의 역할을 맡아 활동해 왔으며, 현재는 공동대표로 봉사하고 있다.

이렇게 오랜 기간 활동했지만, 나는 스스로를 괜찮은 시민운동가라고 생각해 본 적이 없다. 거리에서 피케팅을 하거나 발언대에 서는 일은 지금도 여전히 낯설고 어색하다. 무엇보다 고민되는 점은, 내가 행동보다 사색에 머무르는 경향이 있다는 사실이다.

시시각각 옳고 그름을 판단하며 대응해야 하는 시민운동의 속성은, 나와 같은 성향의 사람에게는 다소 부담스럽다. 그럼에도 불구하고, 충북참여자치시민연대는 나와 아무 연고도 없던 이 지역에서 내가 발언하고 활동할 수 있게 해 준 소중한 보금자리였으며, 뜻을 함께하는 동료들을 만나는 통로였다.

또한 시민단체 활동은 우리나라 민주주의의 성장과 퇴행의 흐름과 늘 맞물려 있었다. 노무현 대통령 탄핵 국면, 박근혜 대통령 탄핵 정국, 그리고 최근 윤석열 대통령 탄핵 촉구 운동에 이르기까지, 나는 여러 차례 거리로 나가 동료들과 함께 목소리를 냈다. 그때마다 가슴을 졸이며 안타까워했던 순간도 많았지만, 수많은 시민들의 연대가 민주주의의 붕괴를 막아낸 것을 떠올리면 지금도 다행스럽게 느껴진다. 그리고 내가 그 한 모퉁이를 지켜낸 구성원 중 하나였다는 사실이, 때때로 자랑스럽게 느껴지기도 한다.

하지만 우리 사회 전체가 고령화되면서, 시민운동 역시 침체기를 맞고 있다. 그래서 지속 가능한 시민사회와 시민단체의 도약을 위해, 지금 내가 할 수 있는 역할은 무엇인가를 스스로에게 묻는 시간이 점점 많아지고 있다.

돌아보면, 직장인과 학자로서의 삶은 어느 정도 안정된 기반 위에 올려놓을 수 있었다. 그러나 시민으로서의 삶은 시민단체에서 25년 넘게 활동해 왔음에도, 여전히 초보자라는 생각을 떨칠 수 없다. 그럼에도 만약 이 활동의 자리가 내 삶에 없었다면 나는 중요한 한 부분을 채우지 못했을 것이라고 확신한다.

그리고 나는 바란다. 앞으로는 대통령 탄핵과 같은 비극적 상황으로 인해 시민들이 영하의 날씨 속에서 다시 거리로 나서는 일이 없기를 진심으로 기도한다. 민주주의를 보다 단단한 반석 위에 올려놓는 일은 결국, 우리 모두의 책임이자 과제다. 독자 여러분도 민주주의가 자신의 삶과 어떻게 연결되는지 돌아보며 정리해 보는 소중한 시도를 해 보시기를 권한다.

{ 에필로그.

**가장 민주적이고 행복한 나라를 꿈꾸며** }

이 책의 1부에서 3부 5장까지는 내가 집필했고, 마지막 6장은 안데르스가 썼다. 분량은 많지 않지만, 민주주의가 문화로 자리 잡은 덴마크 사회와 교육의 사례는 우리의 나아갈 방향을 성찰하는 데 적지 않은 시사점을 제공한다. 특히 토의·토론법과는 구별되는 '대화 중심 교육'은 내게 매우 인상 깊었다. 좋은 글을 써준 안데르스에게 먼저 감사의 뜻을 전한다.

나는 평소 학술서와 대중서의 중간 성격을 띤 책을 써 왔다고 생각한다. 학술적 내용이더라도 더 많은 사람이 읽어주기를 바랐기 때문이다. 또한 나의 관심은 세상을 해석하고 설명하는 데에만 머물지 않고, 그것을 변화시키는 데에도 있다. 민주주의 사회에서 여론이 결국 사회를 움직이는 힘이라면, 책이라는 도구를 통해 많은 사람들이 더 나은 사회와 교육에 대한 생각과 의지를 공유할 수 있다면 그것이야말로 사회를 바꾸는 힘이 될 수 있다고 나는 믿는다.

이 책이 나의 전작들과 구별되는 점은, 염두에 둔 독자층이 더 넓다는 것이다. 앞서 '수업 비평', '교육 생태계', '교사와 교사 되기'를 주제로 한 책들이 교사를 주된 독자로 삼았다면, 이번 책은 인성과 시민성 교육을 뒷전으로 미룬 채 경쟁 교육에만 매몰된 한국 교육의 현실에 문제의식을 지닌 학부모와 시민들도 함께 읽어 주기를 바라는 마음으로 썼다. 이 책이 생애 전체를 아우르는 교육의 문제를 다루고 있기 때문이다. 그리고 무엇보다, 윤석열 정부의 비상계엄 소동이 초래한 혼란 속에서 온 나라가 고통을 겪던 시기에 집필된 책이기도 하다. 나는 이 혼란을 근본에서 막기 위한 해법이 교육의 전환에 있다고 본다. 그리고 이 생각에 많은 이들이 공감해 주기를 바란다.

서문에서 잠시 언급했듯, 이 책은 『오마이뉴스』에 실렸던 한 편의 글에서 출발했다. 그 글에서 나는 생애 교육의 단계를 '자존감 교육', '공감교육과 공화주의', '민주시민교육'이라는 세 단계로 제안한 바 있다. 단편의 글이 단행본으로 확장되기까지는 작은 사연이 있다. 당시 나는 비상계엄 이후 전개되는 한심하고 우울한 현실에 깊은 고민에 빠져 있었고, 글쓰기는 그에 대한 성찰의 방식이었다. 적어도 대선이 끝날 때까지는 시사적인 문제를 따라가며 계속 기사를 쓸 생각이었다.

그러나 『오마이뉴스』에 보낸 여섯 번째 글이 채택되지 않았다. 주제는 기회주의적 처신을 보인 관료들을 비판하는 내용이었다. 편집부에서는 이런 주제는 이미 여러 사람이 다루었고, 새로운 정보가 부족하다는 이유를 들었다. 처음엔 마음이 상했지만, 곧 깨달았다. 시사 문제를 쫓는 글쓰기가 내가 계속 해야 할 본업은 아니라는 점을. 이미 많은 이들이 쓰는 글을 굳이 내가 반복할 필요는 없는 것이다. 그런 성찰의 결과물이 바로 이 책이다. 그런 의미에서 이 책은 『오마이뉴스』 기사 채택 불발에서 비롯된, 어쩌면 우연의 산물이다.

모든 책은 앞선 이들이 남긴 훌륭한 연구 위에 작은 돌 하나를 얹는 일이다. 그 점에서 많은 선배 연구자들의 성과를 읽고 공부하는 과정 자체가 내게는 큰 즐거움이었다. 특히 '공감'과 '공화주의'는 앞으로도 더 깊이 탐구하고 싶은 주제다.

이 책은 다음과 같이 구성되어 있다. 1부(자존감과 자존감 교육)에서는 '자존감'과 '자신감'을 구분하고, 자존감 교육의 중요성을 다뤘다. 특히 덴마크의 사례를 통해 많은 시사점을 얻었다. 나는 덴마크가 세계에서 가장 행복한 나라 중 하나로 평가받는 데에는, 존재 자체를 존중하는 그들의 독특한 양육과 교육 방식이 자리하고 있다고 생각한다. 우리 사회도 새로 태어나는 생명들이 존재 자체로 존중받으며 성장할 수 있기를 바란다.

학자로서 내가 1부에서 기여한 작은 돌 하나는 자존감과 자신감을 인간 유형으로 분류하고, 초경쟁적이고 권위적인 사회일수록 자존감은 낮고 자신감은 높은 지도자 유형이 등장할 가능성이 크다는 가설을 제시한 점이다. 이를 바탕으로 〈자존감과 자신감 진단 체크리스트〉를 구성해 보기도 했다. 물론, 이 내용은 아직 가설의 수준이며 경험적 검증이 필요하다는 점을 밝혀둔다.

　2부(공감과 공감 교육)는 서울대 장대익 교수의 저작에서 영감을 얻은 '공감의 역설' 개념을 중심으로 전개된다. 우리는 흔히 '공감의 결핍'을 말하지만, 나와 가까운 사람에게는 과도하게 공감하고, 멀거나 낯선 사람에게는 거의 공감하지 않는 공감의 불균형이 더 본질적인 문제이다. 이를 통해 가족주의, 지역주의, 연고주의, 눈치문화, 능력주의가 공감을 어떻게 왜곡하고 있는지를 분석했다. 그리고 이를 극복하기 위한 균형 잡힌 공감 교육의 방향도 제안했다. 인간과 동물의 공감 능력을 탐색하는 과정 자체도 내게는 흥미로운 공부의 여정이었다.

　3부(민주시민교육과 공화주의교육)에서는 자유민주주의의 한계를 넘어서는 철학적 대안으로서 공화주의의 교육적 함의를 다루었다. 서울대학교 정원규 교수의 『공화민주주의』, 김동훈 연구자의 박사 논문을 포함한 여러 연구에서 큰 도움을 받았다. 우리 헌법 제1조 1항의 "대한민국은 민주공화국이다"를 제대로 이해하기 위해서라도 공화주의는 꼭 공부할 필요가 있다. 본래 『오마이뉴스』에 실렸던 글에서는 공화주의를 생애 교육의 두 번째 단계로 제시했지만, 이 책에서는 '상상의 공동체'라는 더 넓은 관점에서 필요한 교육으로 보고 세 번째 단계로 재배치했다.

이번 책에는 전작들과 달리 각 장 말미에 '라운드 테이블'이라는 제목 하에 함께 생각해 볼 수 있는 질문들을 수록했다. 독자들이 본문을 자기 삶과 연결해 성찰해 보기를 바라는 마음, 그리고 우리 사회의 양육과 교육에 대해 더 많은 대화가 일어나기를 희망하는 뜻을 담았다.

책을 쓰면서 인공지능[AI]과의 협업 경험에 대해서도 말하지 않을 수 없다. 이 책은 구상에서 퇴고까지 6개월이 조금 못 걸렸다. 평소 집필 속도의 2~3배쯤 되는 셈이다. 챗GPT의 도움이 없었다면 불가능했을 것이다. 협업의 경험 자체가 매우 신기한 것이었기에, 연구 윤리 차원에서 몇 가지 사례를 예시하고자 한다.

첫째, 맞춤법과 문장 다듬기에서 큰 도움을 받았다. 일반적으로 초안을 집필한 뒤에는 띄어쓰기, 맞춤법, 문장 표현을 다듬는 데도 상당한 노력이 필요하다. 인공지능은 그 시간을 획기적으로 단축해 주었다. 문장을 교정해 주는 수준을 넘어, 때로는 새로운 문장을 제안해 주기도 했는데, 일부 문장은 그 제안을 바탕으로 수정·보완하여 본문에 포함하였다. 이는 글 전체의 완성도를 높이는 데 큰 도움이 되었다. 본문을 이해하고 그것을 표로 정리해 주는 기능도 인상적이었다.

둘째, 관련 분야의 연구 흐름을 파악하는 데 도움이 되었다. 특히 내가 전공하지 않은 영역에서는 연구 지형도를 그리는 데 인공지능의 도움을 많이 받았다. 다만, 학술적 참고 문헌의 경우 실제로 존재하지 않는 연구물을 생성해내는 경우가 적지 않았다. 현시점에서 인공지능이 제공하는 참고문헌은 대부분 다시 확인할 필요가 있음을 밝혀둔다. 그럼에도 불구하고 개념 간의 관계 구조를 시각화하거나 주요 논자와 논점들을 개괄하는 능력은 유용했다. 정보의 '지도'를 제공받는 느낌이었다.

셋째, 집필 과정에서 내 생각과 방향을 함께 의논하는 좋은 동료 같다는 인상을 받았다. 예컨대 자존감과 자신감의 개념을 나누고, 이를 한 사회의 양육 환경 분석에 적용하는 내 아이디어에 대해 물으면 그 타당성에 대해 풍부한 의견을 제시해 주었다. 수준 높은 동료 연구자와 대화하는 느낌이라고 할까? 때로는 내 생각보다 한 단계 더 나은 아이디어를 제안해 주기도 했다. 예를 들어, 〈자존감과 자신감 진단 체크리스트〉를 '내적 자존감', '사회적 자존감', '상황적 자신감', '기술적 자신감'의 네 하위 범주로 나누는 방식을 제안한 것도 인공지능이었다.

또한, 책의 본문을 바탕으로 새로운 해석을 제안하는 경우도 있었는데, 때로는 놀라운 통찰을 담고 있었다. 예컨대 공감을 저해하는 한국 사회의 문화적 특징을 "가족주의는 공감의 내향화, 연고주의는 공감의 조건화, 지역주의는 공감의 단절화, 눈치문화는 공감의 위계화, 능력주의는 비공감의 합리화"와 같이 정리한 표현은 내게도 신선한 자극이 되었다. 이 책의 〈라운드 테이블〉에 수록된 질문들 역시 인공지능이 제안한 초안 질문을 내가 검토하고 수정하여 구성한 것이다.

앞으로 인공지능과의 협업은 많은 연구자들의 집필 작업에 큰 시너지 효과를 낼 것으로 보인다. 다만, 이러한 협업은 어디까지나 인간 저자가 능동적으로 판단하고, 편집하고, 최종적으로 책임지는 것을 전제로 해야 한다. 이 책에 실린 모든 문장과 자료의 책임은 전적으로 집필

자인 나에게 있다.

한편, 인공지능과의 협업에서 서로의 기여를 어떻게 표시할 것인지에 대한 연구 윤리 문제는 앞으로 학계에서 보다 심도 깊은 논의를 통해 공식적인 가이드라인을 마련해야 할 영역이다. 하나 더 언급하자면, 인공지능의 능력이 지금보다 훨씬 나아질 때가 곧 도래할 텐데, 그때는 인간 연구자는 어떤 역할을 해야 할지 하는 문명사적인 질문도 품게 된다.

책을 마무리하며, 나의 현대사 기록에 대해서도 간단히 언급하고 싶다. 평범한 사람도 역사 서술의 주체가 될 수 있는가라는 질문은 현대 역사학의 핵심 중 하나다. 학문적 결론과 무관하게, 나는 모든 사람이 자신의 삶을 의미 있게 성찰하고 기록으로 남길 수 있다면, 그것이 더 나은 사회로 가는 길이라고 믿는다. '민주주의'라는 렌즈로 자기 삶을 돌아보고 성장의 궤적을 따라간다면, 우리는 인간 존엄, 자유, 평등, 박애의 가치에 한 걸음 더 가까이 다가갈 수 있을 것이다. 내 삶의 여정을 짧게나마 기록한 것도 그 이유 때문이다.

책을 낼 때마다 감사의 마음을 전하고 싶다. 이 책에서 인용한 많은 선배 연구자들의 훌륭한 성과는 나의 사유에 든든한 발판이 되어 주었다. 특별히 바쁜 중에도 추천사를 써 주신 손봉호 은사님께 깊이 감사드린다. 선생님은 내가 감히 실천하지는 못하더라도 '정직, 봉사, 공정, 사랑'이라는 단어들을 늘 곁에 두고 살아가게 만들어 주신 분이다. 문형배 헌법재판관에게 김장하라는 스승이 계셨듯, 내게는 손봉호 선생님이 그러한 스승이다. 책의 출간을 응원하고 조언해 준 아내와, 늘 든든한 격려를 보내주는 준학, 준서, 준경 세 자녀에게도 감사한다. 특히 첫째는 책 출판과 관련된 실무를 기꺼이 도맡아 주었다. 출판 과정의 여러 단계에 대해서 자세한 안내를 제공해 주신 에듀니티의 김병주 대표와 책 내부 편집과 관련하여 상세한 가르침과 도움을 준 배태호 과장께도 깊이 감사드린다.

끝으로, 글쓴이의 소망을 나누며 이 글을 맺는다. 나는 이 책에서 여러 차례 경쟁 교육의 폐해를 지적했다. 그런데 어쩌면 나도 그 경쟁 교육의 산물일지 모른다. 책을 쓰는 내내 이상한 경쟁심이 작동했다. 그것은 우리 공동체가 '가장 행복한 나라', '가장 민주적인 나라'가 되기를 바라는 경쟁이다. 그 경쟁에서 어느 날 대한민국이 세계의 모범으로 우뚝 서 있는 모습을 그려본다. 그날이 오기까지 우리는 다양한 나라의 귀중한 경험으로부터 끊임없이 배우기를 멈추지 말아야 한다. 그런 의미에서 귀한 경험을 나눠준 덴마크의 안데르스에게 다시 한 번 감사를 전한다. 그리고 이 책을 읽는 독자들과 함께, 인류사에 도움이 되는 우리만의 길을 함께 찾아 나서는 여정을 시작하고 싶다.

{ 미주 }

## 1부. 자존감과 자존감 교육

1 이혁규, 「윤석열이라는 사람이 대통령, 우리 교육의 실패: 경쟁과 파편화된 교육이 낳은 불행한 결과」, 『오마이뉴스』, 2024.12.16, https://www.ohmynews.com/NWS_Web/View/at_pg.aspx?CNTN_CD=A0003089256 cf. 이 글은 2024년 12월 초에 처음 작성된 것으로, 『교육공동체 벗』, 『교육을 바꾸는 사람들』, 『오마이뉴스』에 약간씩 다른 버전으로 공유되었다. 나는 이 글을 통해 '출생'에서 시작해 '사회', 국가와 지구촌이라는 '상상의 공동체'로 나아가는 한국 교육의 단계별 문제점을 진단하고, 그 대안으로 '자존감', '공감', '공화주의와 민주시민교육'을 제시하였다. 서문에서도 밝혔듯이, 이 단행본은 해당 글의 논리를 확장한 것이다.

2 이는 인간 진화 과정에서 나타난 '진화적 절충(evolutionary trade-off)'의 대표적 사례로, 큰 뇌와 좁은 골반 사이의 생물학적 제약 속에서 출산 전략이 조정된 결과로 해석된다.

3 Harkness, S. & Super, C. M.(2013), Themes and variations: Parental ethnotheories in Western cultures, In K. Rubin & O. B. Chung(eds.), Parental beliefs, parenting, and child development in cross-cultural perspective. Psychology Press. (제시카 조엘 알렉산더, 이벤 디싱 산달 지음, 이은경 옮김(2016), 『우리 아이, 어떻게 사랑해야 할까』, 상상아카데미, 24쪽에서 재인용)

4 이 내용은 다음의 국내외 연구 논문과 저서를 참고하여 정리한 것이다; 구자심(2012), 「아동 양육에 관한 한일 학부모 의식 비교연구: 자조 능력과 예절 교육을 중심으로」, 『한국일본교육학연구』, 17(1), 19~37쪽; 윤인진, 임창규, 정재영(2007), 「자녀 양육 방식에 관한 직업 계층 및 국가별 비교」, 『한국청소년연구』, 18(3), 167~192쪽; 이은아(2008), 「청소년의 자아 개념에 관한 국가별 비교: 한국, 일본, 미국, 독일, 스웨덴을 중심으로」, 『한국청소년 연구』, 19(4), 81~113쪽; Hyunduk Kim(1992), Socialization process of children within the family: Cross-cultural study in Korea, Japan, India, and the U.S.A, 『교육학연구』, 30(2), 263~278쪽; 박성숙(2010), 『꼴찌도 행복한 교실: 독일을 알면 행복한 교육이 보인다』, 21세기북스; 제시카 조엘 알렉산더, 이벤 디싱 산달 지음, 이은경 옮김(2016), 앞의 책, 상상아카데미; 제시카 조엘 알렉산더 지음, 고병헌 옮김(2018), 『행복을 배우는 덴마크 학교 이야기』, 생각정원. 이 외에도 여러 관련 인터넷 자료들을 종합적으로 참조함.

5 제시카 조엘 알렉산더 지음, 고병헌 옮김(2018), 앞의 책, 43~47쪽.

6 https://encykorea.aks.ac.kr/Article/E0068599?utm_source=chatgpt.com; 호주제 폐지에 관한 내용을 다루고 있다.

7 https://encykorea.aks.ac.kr/Article/E0027164; 고대부터 현대까지 상속의 역사적 변천 과정을 상세히 다루고 있다.

8 조성호(2024), 「한국의 출생성비 불균형과 결혼 성비」, 『보건복지 Issue& Focus』 제449호, 한국보건사회연구원, 2024년 6월. https://www.kihasa.re.kr/publish/regular/focus/view?seq=62834

9 자존감 척도는 다양하게 개발되어 있으며, 이 가운데 Rosenberg(1965)가 개발한 자존감 척도(Rosenberg's self-esteem scale)는 세계적으로 널리 사용되는 대표적인 도구로 알려져 있다. 이에 비해 자신감(self-confidence) 척도는 비교적 덜 체계화되어 있으며, 학문적 맥락에서는 자존감보다는 상황적 맥락이나 특정 영역(예: 스포츠, 대인관계, 발표)에서 부분적으로 측정되는 경우가 많다; 조선영(2015), 『자존감 연구 개관 및 제안: 개념, 발달, 측정, 교육을 중심으로』, 석사학위논문, 전북대학교; Rosenberg, M.(1965), Society and the adolescent self-image, Princeton, NJ: Princeton University Press.

10 자존감을 내적 자존감과 사회적 자존감으로 구분하려는 시도는 여러 연구에서 찾아볼 수 있다. 예컨대 Crocker 등(2003)은 자존감의 근거가 개인의 도덕성, 자기 수용과 같은 내적 기준에 있을 수도 있고, 타인의 인정이나 사회적 비교와 같은 외적 기준에 의존할 수도 있다고 하였다. van Osch 등(2020)은 internal self-esteem과 external self-esteem 개념을 사용하여 여섯 나라를 비교하는 연구를 수행한 바 있다; Crocker, J., Luhtanen, R. K., Cooper, M. L., & Bouvrette, A.(2003), Contingencies of self-worth in college students: Theory and measurement, Journal of Personality and Social Psychology, 85(5), 894-908; van Osch, Y., Bender, M., He, J., Adams, B. G., Kunuroglu, F., Tillman, R. N., Benítez, I., Sekaja, L., & Mamathuba, N.(2020), Assessing the importance of internal and external self-esteem and their relationship to honor concerns in six countries, Cross-Cultural Research, 54(2-3), 220-254. https://doi.org/10.1177/106939712090938

11 이 글에서 제시하는 자신감은 자기효능감(self-efficacy)과 개념적으로 유사하다. 자신감을 상황적 자신감과 기술적 자신감으로 구분하여 측정하는 접근은 Bandura(1977, 1986)의 자기효능감 이론에서 제시한 일반적/특정적 자기효능감 개념에 근거한다. 일반 심리학 분야에서도 Schwarzer & Jerusalem(1995)의 일반 자기효능감 척도(Generalized self-efficacy scale)는 다양한 상황에서의 자신감 인식을 측정 대상으로 삼는다; Bandura, A.(1977), Self-efficacy: Toward a unifying theory of behavioral change, Psychological Review, 84(2), 191-215. https://doi.org/10.1037/0033-295X.84.2.191; Bandura, A.(1986), Social foundations of thought and action: A social cognitive theory, Englewood Cliffs, NJ: Prentice Hall; Schwarzer, R., & Jerusalem, M.(1995), Generalized self-efficacy scale. In J. Weinman, S. Wright, & M. Johnston(eds.), Measures in health psychology: A user's portfolio. Causal and control beliefs, Windsor, UK: NFER-NELSON, 35-37.

12 '18점 초과'를 '높음'으로 간주한 것은 각 문항에서 평균적으로 '보통(3점)'을 선택한 경우의 총점인 18점을 기준으로, 그 이상을 상대적으로 긍정적인 수준으로 해석하기 위함이다. 아직 통계적 자료가 충분히 축적되어 있지 않기 때문에 본 책에서는 편의상 자존감 또는 자신감이 '보통을 넘는 수준'일 때만 '높음'으로 판단하였다. 향후 응답자 수가 많아진다면, 표준점수(Z점수)나 백분위(Percentile)

를 기준으로 상위 25% 이상을 '높음', 중간 50%를 '보통', 하위 25%를 '낮음'으로 구분하는 방식이 보다 정밀할 것이다. 이 경우, 자존감과 자신감 각각이 3단계로 나뉘기 때문에 기존의 4유형이 아니라 총 9유형으로 더 세분화될 수 있다.

13 김누리, 이정윤(2020), 「한국형 부모 양육 태도 개념도 연구」, 『아시아교육연구』, 21(1), 서울대학교 교육연구소, 155~190쪽.

14 폴 에엘릭, 로버트 온스타인 지음, 고기탁 옮김(2012), 『공감의 진화』, 에이도스출판사, 190쪽.

15 피터의 법칙: https://terms.naver.com/entry.naver?docId=6681684&cid=40942&categoryId=31606

16 Lord Acton, Letter to Bishop Creighton(1887), Online Library of Liberty, Liberty Fund, Inc. https://oll.libertyfund.org/quotes/214

17 탈진실: https://ko.wikipedia.org/wiki/%ED%83%88%EC%A7%84%EC%8B%A4

18 최진(2021), 「능력주의 교육에서의 '자존감' 개념에 대한 비판적 고찰」, 『교육학연구』, 59(4), 한국교육학회, 1~30쪽. 19 최정원, 문호영, 전진아, 박용천(2021), 『10대 청소년의 정신건강 실태조사』, 한국청소년정책연구원 기본연구보고서, 1~492쪽.

## 2부. 공감과 공감 교육

1 폴 에엘릭, 로버트 온스타인 지음, 고기탁 옮김(2012), 앞의 책, 142~143쪽.

2 Rifkin, J.(2009), The empathic civilization: The race to global consciousness in a world in Crisis, New York: Jeremy P. Tarcher/Penguin, 제러미 리프킨 지음, 이경남 옮김(2010), 『공감의 시대』, 민음사, 19~20쪽.

3 폴 에엘릭, 로버트 온스타인 지음, 고기탁 옮김(2012), 앞의 책, 140~141쪽; 장대익(2017), 『울트라 소셜:사피엔스에 새겨진 '초사회성'의 비밀』, 휴머니스트, 17~25쪽; de Waal, F.(2009), The age of empathy: Nature's lessons for a kinder society, New York: Harmony Books. 프란스 드발 지음, 최재천 옮김(2017), 『공감의 시대』, 김영사; Decety, J.(ed.) (2014), Empathy: From bench to bedside, Cambridge, MA: MIT Press. 장 드세티 편저, 현지원, 김양태 옮김(2018), 『공감: 기초에서 임상까지』, 학지사, 제6장 등을 참조함.

4 프란스 드 발 지음, 최재천 옮김(2017), 앞의 책, 279~286쪽; 장 드세티 편저, 현지원, 김양태 옮김(2018), 앞의 책, 제6장 참조함.

5 Dunbar, R.(2010), How many friends does one person need?, London: Faber & Faber. 로빈 던바 지음, 김정희 옮김(2018), 『던바의 수』 아르테, 36~50쪽; 폴 에얼릭, 로버트 온스타인 지음, 고기탁 옮김(2012), 앞의 책, 53~56쪽.

6 로빈 던바 지음, 김정희 옮김(2018), 앞의 책, 48쪽.

7 폴 에얼릭, 로버트 온스타인 지음, 고기탁 옮김(2012), 앞의 책, 54~55쪽; 해당 내용은 『공감의 진화』에서 인용한 문화인류학자 John Oates의 주장을 재인용한 것임.

8 '공감의 역설(paradox of empathy)'은 학술적으로 엄밀하게 정립된 개념은 아니며, 특정 학자나 이론 체계에 기반한 용어라기보다는 공감의 진화적 기원과 현대 사회 구조 간의 불일치를 설명하기 위한 비유적 개념으로 사용된다. 이와 유사한 논의는 여러 저작에서 확인할 수 있다. 장대익(2017)의 『울트라소셜』은 인간 공감의 진화적 기원을 탐색하며, 인간이 유지할 수 있는 사회적 관계의 범위에 생물학적 한계가 있음을 설명한다. 폴 에일릭(Paul Ehrlich)과 로버트 온스타인(Robert Ornstein)은 『공감의 진화』에서 "우리의 뇌는 아직 석기시대"라는 은유를 통해 이러한 한계와 현대 사회 구조 간의 간극을 지적한다. 또한 폴 블룸(Paul Bloom)은 『공감의 배신』에서 공감의 감정적 편향성과 도덕 판단에서의 한계를 비판하며, 이성적 연민(compassion)을 대안으로 제시한다. 이외에도 공감 피로(empathy fatigue), 선택적 공감(selective empathy), 공감 편향(empathy bias) 등은 심리학 및 신경윤리학 분야에서 공감의 한계와 역기능을 설명하는 개념으로 논의되고 있다.

9 아메리카 원주민과 호주 원주민에 대한 식민 폭력은 다수의 역사서와 유엔 인권보고서에 기록되어 있으며, 나치의 유대인 학살은 국제법상 제노사이드로 규정되어 있다. 유고슬라비아 내전 중 스레브레니차 학살은 국제사법재판소에서 집단학살로 인정되었고, 르완다 대학살은 유엔 르완다 국제형사재판소(ICTR)를 통해 공식 규명되었다. 사건의 수치와 서술은 일반적으로 인정되는 역사적 기록과 인권보고서에 기반하였다.

10 Encyclopaedia Britannica, German Confederation, https://www.britannica.com/place/German-Confederation

11 https://compass.rauias.com/world-history/causes-behind-italianunification/?utm_source=chatgpt.com

12 Encyclopaedia Britannica, List of Religious Populations, https://www.britannica.com/topic/List-of-religious-populations

13 폴 에얼릭, 로버트 온스타인 지음, 고기탁 옮김(2012), 앞의 책, 105쪽.

14 "필터 버블(filter bubble)"이란 인터넷 이용자가 자신의 검색 기록, 클릭 패턴, 소셜 미디어 활동 등을 기반으로 개인화된 정보만 제공받게 됨으로써, 다양한 관점에 노출되지 않고 자기 확증적 정보에 갇히게 되는 정보 환경을 의미한다. 이 개념은 엘리 패리저(Eli Pariser)가 2011년 『The Filter bubble: What the internet is hiding from you』에서 처음으로 체계화하였다.

15 최재석(1983), 『한국인의 사회적 성격 수정 8판』, 개문사, 23쪽.

16 함인희(2023), 「가족 사회학 연구의 흐름과 쟁점」 김혜경 외(2023), 『가족과 친밀성의 사회학 제2판』 사회학총서 7, 1~27쪽; 신경아, 이순미(2023), 「가족과 개인화」 김혜경 외(2023), 앞의 책, 129~160쪽 등을 참조함.

17 김동춘(2020), 『한국인의 에너지, 가족주의』 역동적 한국인 총서 4, 5~6쪽, 89쪽, 213쪽, 228쪽, 260쪽 등을 참조함.

18 국립국어원, "연고(緣故)," 『표준국어대사전』 https://stdict.korean.go.kr/search/searchResult.do?pageSize=10&searchKeyword=%EC%97%B0%EA%B3%A0#none

19 류재윤(2017), 『지금이라도 중국을 공부하라2』 서울셀렉션; 삼성 최고의 중국전문가이자 대중국 협상가인 저자는 이 책에서 중국의 인간 관계를 관시(關係)를 바탕으로 설명한다. 관시는 중국 사회에서 중요한 인간관계 네트워크를 뜻하는 개념으로 신뢰, 호혜, 의무감을 바탕으로 형성된 비공식적인 관계망이다. 개인의 능력보다 누구와 어떤 관계를 맺고 있는지가 더 큰 영향을 미치는 경우가 많다. 관시는 은혜를 주고받으며 지속되지만, 때때로 부패나 불공정을 낳는 원인이 되기도 한다.

20 일본 사회에서 '세켄(世間)'은 개인이 속한 관계망 전체를 의미하며, 가족, 이웃, 직장, 동문 등으로 이루어진 '관계 집합으로서의 세상'을 가리킨다. 일본인은 법이나 원칙보다 '세켄'의 시선을 더욱 의식하며, 이를 기준으로 자신의 행동을 조절하는 경향이 강하다. '세켄'은 이러한 인간관계가 작동하는 규범적 공간으로, 연고주의와 위계질서, 체면 문화를 형성하는 기반이 된다. 이처럼 관계 중심의 '세켄' 문화는 일본 사회의 특유한 안정성과 동시에 폐쇄성을 드러낸다; 中根千枝 지음, 양현혜 옮김(1996), 『일본사회의 인간관계』 도서출판 소화; 루스 베네딕트 지음, 왕은철 옮김(2025), 『국회와 칼』 현대 지성; 권인숙(2003), 「일본문화를 보는 세 가지 눈: 루스 베네딕트, 나카네 지에, 노마 필드」 『국제지역연구』 12(1), 서울대학교 국제대학원, 45~66쪽. 이 외에도 여러 인터넷 자료들을 참조함.

21 최누리, 이성준, 김중화(2018), 「연고주의에 관한 문헌적 고찰 및 최근 연구 동향: 경영학적 시사점을 중심으로」 『상업교육연구』 32(1), 179쪽.

22 최누리, 이성준, 김중화(2018), 앞의 논문, 179~180쪽.

23 장현근(2008), 「한국 사회의 연고주의 담론과 유교와의 무관련성 연구」 『아태연구』 15(1), 108쪽.

24 최누리, 이성준, 김중화(2018), 앞의 논문, 179쪽.

25 이훈구(2003), 『연고주의』 범문사, 제3장 「학연」 52~76쪽 참조함.

26 김동훈(2000), 『한국의 학벌, 또 하나의 카스트인가』 책세상문고·우리 시대 37, 책세상출판사, 15~31쪽.

27 위키백과, 「초원복국 사건」 https://ko.wikipedia.org/wiki/초원복국_사건; 이 사건은 특정 지역 기관장들이 모여 특정 후보를 지지한 사례로, 지역주의가 정치적 동원의 수단으로 활용된 대표적인 사례로 평가된다.

28 김만흠(1995), 「정치균열, 정당정치 그리고 지역주의」, 『한국정치학회보』, 28(2), 한국정치학회, 215~237쪽; 유재일(1996), 「한국 지역주의의 형성과 정치균열의 전개」, 『지역사회연구』, 3, 대전대학교, 139~143쪽.

29 박준식, 김영범(2013), 「지역격차 문제의 인식 지형과 변화의 전망: 영호남에서 수도권·비수도권 균열로」, 『지역사회학』, 14(2), 83~103쪽.

30 이창희(2006), 「정치적 지역주의 개념에 대한 비판적 검토: 지역주의의 일반적 의미, 또다른 지역균열 」, 『지역사회연구』, 14(3), 73~90쪽.

31 국립국어원, 『표준국어대사전』, "눈치", https://stdict.korean.go.kr/search/searchResult.do?pageSize=10&searchKeyword=%EB%88%88%EC%B9%98

32 Hall, E. T.(1976), Beyond culture, New York: Anchor Books, 에드워드 홀 지음, 최효선 옮김(2013), 『문화를 넘어서』, 한길사.

33 정경조(2019), 「한국 언어문화 속의 의사소통방식에 대한 고찰」, 『한국사상과 문화』, 100, 한국사상문화학회, 619~646쪽.

34 허재홍, 박원주, 김승주(2012), 「눈치개념 연구」, 『인문과학연구』, 33, 강원대학교 인문과학연구소, 557~581쪽; 최상진(2011), 『한국인의 심리학』, 학지사.

35 김주현(2022), 「능력주의에 대한 반론: 허구, 지배, 그리고 평등」, 『법철학연구』, 25(1), 한국법철학회, 27~52쪽.

36 마이클 영, 유강은 옮김(2020), 『능력주의: 2034년 평등하고 공정하고 정의로운 엘리트 계급의 세습 이야기』, 이매진. (김주현(2022), 앞의 논문. 30쪽에서 재인용).

37 Sandel, M. J.(2020). The tyranny of merit: What's become of the common good?, New York: Farrar, Straus and Giroux. 마이클 샌델 지음, 함규진 옮김(2020), 『공정하다는 착각: 능력주의는 모두에게 같은 기회를 제공하는가』, 와이즈베리.

38 박권일(2021), 「한국의 능력주의 인식과 특징」, 『시민과 세계』, 38, 참여연대 참여사회연구소, 1~39쪽.

39 도대영(2023), 『미래사회, 공감이 진짜 실력이다: 세상을 바꾸는 교실 공감교육』, 푸른칠판; 이 책은 공감이 단순한 감정 훈련을 넘어, 미래 사회를 살아갈 핵심 역량이자 시민교육의 토대가 되어야 함을 강조하며, 감정 인식, 타자 이해, 공감적 행동, 사회적 연대 등의 교육적 접근을 구체적으로 제시하고 있다. 본문에서 제시한 공감 능력의 다섯 차원도 이 책으로부터 많은 시사점을 얻었다.

40 나 전달법(I-message)은 갈등이나 불편한 상황에서 상대방을 비난하거나 지적하는 대신, '나'의 감정과 생각을 중심으로 표현하는 의사소통 방식이다. 일반적으로 "(상대방의 행동)을 보면, 나는 (감정)을 느낀다. 왜냐하면 (이유)이기 때문이다"와 같은 구조로 구성되며, 방어적 반응을 줄이고 상대방의 이해와 공감을 유도하는 데 효과적이다. 미국의 심리학자 토머스 고든(Thomas Gordon)이 체계화하였다.

41 비폭력 대화(Nonviolent Communication, NVC)는 미국의 심리학자 마셜 로젠버그(Marshall B. Rosenberg)가 개발한 의사소통 방식으로, 자신의 감정과 욕구를 정직하게 표현하고, 타인의 감정과 욕구를 공감하며 듣는 네 가지 단계(관찰-느낌-욕구-요청)를 따른다. 갈등 상황에서도 비난이나 판단 없이 상호 존중의 대화를 가능하게 한다.

42 Decety, J. & Cowell, J. M.(2014), The complex relation between morality and empathy, Trends in Cognitive Sciences, 18(7), 337-339.

43 베트슨(2012), 공감-이타주의 가설: 화제와 시사점, 장 드세티 편저, 현지원, 김양태 옮김(2018), 앞의 책, 77~97쪽.

44 Bloom, P. (2016), Against empathy: The case for rational compassion, New York: Random House. 폴 블룸 지음, 이은진 옮김(2019), 『공감의 배신: 아직도 공감이 선하다고 믿는 당신에게』, 서울: 시공사.

45 Boler, M.(1999), Feeling power: Emotions and education, New York: Routledge; 이 책에서 볼러는 '수동적 공감(passive empathy)'과 '증언적 독해(testimonial reading)'를 대비시킨다. 수동적 공감은 타인의 고통을 비판 없이 감상하거나 소비하는 태도로, 기존 권력 질서를 정당화할 위험이 있다. 반면 증언적 독해는 타인의 증언을 통해 자신의 사회적 위치와 책임을 성찰하며, 감정의 정치화를 가능케 하는 윤리적이고 비판적인 읽기 방식을 의미한다. 이 개념은 정의와 책임의 감각을 일깨운다는 점에서 비판적 공감과 깊은 유사성을 가진다.


### 3부. 민주시민교육과 공화주의교육

1 Anderson, B.(1983), Imagined communities: Reflections on the origin and spread of nationalism, London: Verso. 베네딕트 앤더슨 지음, 서지원 옮김(2018), 『상상된 공동체』, 길.

2 Harari, Y. N.(2014), Sapiens: A brief history of humankind, London: Harvill Secker. 유발 하라리 지음. 조현욱 옮김(2015), 『사피엔스』, 김영사.

3 한국학중앙연구원, 『한국민족문화대백과사전』, "대한국국제" 항목, https://encykorea.aks.ac.kr/Article/E0014933

4 대한민국 역사박물관, 『우리역사넷』, "대한민국 임시헌장" 항목, https://contents.history.go.kr/mobile/mid/hm_123_0060

5 김동훈(2010), 「한국 헌법과 공화주의」, 박사학위논문, 서울대학교, 195쪽.

6 김동훈(2010), 앞의 논문, 190~196쪽.

7 김동훈, 앞의 논문, 49~57쪽.

8 대한민국 정부(2015), 「광복 70년 기념 엠블럼」, 문화체육관광부; 광복 70주년을 맞아 대한민국 정부가 공식 발표한 기념 표어 및 시각 이미지. 당시 '위대한 여정, 새로운 도약'은 국가 비전의 슬로건으로 사용됨.

9 https://www.korea.net/NewsFocus/policies/view?articleId=200509

10 Economist Intelligence Unit(2022), Democracy index 2021: The China challenge, The Economist Intelligence Unit. https://www.eiu.com/n/campaigns/democracy-index-2021

11 Tudor, D.(2012). Korea: The impossible country, North Clarendon, VT: Tuttle Publishing. 다니엘 튜더 지음, 노정태 번역(2013), 『기적을 이룬 나라, 기쁨을 잃은 나라』, 문학 동네.

12 Becker, C. L.(1941). Modern democracy. New Haven: Yale University Press, 4-5.(이극찬(1999), 『정치학 제6전정판』, 법문사, 497~498쪽에서 재인용)

13 이극찬(1999), 앞의 책, 496~497쪽.

14 마거릿 캐노번 지음, 김만권 옮김(2015), 『인민』, 14~15쪽; 많은 의미가 경쟁하며 논란을 겪는 다른 용어들과 마찬가지로 '인민(people)' 역시 여러 작은 의미가 모여 집합을 이루고 있고, 이 중 많은 의미가 서로 양립할 수 없는 것들이다. '인민'이라는 용어는 맥락에 따라 주권으로서의 인민, 민족으로서의 인민, 지배 엘리트와 구분되는 '평민'으로서의 인민, 인간 그 자체로서의 인민 등 다양한 의미로 사용된다. 프랑스 혁명 이후 인민은 루소의 '일반 의지'와 결합되어 하나의 집단적 결속체, 집합체로서의 주권자라는 의미를 가지게 되었다.

15 MacIver, R. M.(1950), The ramparts we guard, New York: Macmillan, 97.(이극찬(1999), 앞의 책, 521쪽에서 재인용)

16 Economist Intelligence Unit(2024), Democracy index 2024: Age of conflict, London: Economist Intelligence Unit.

17 Lipset, S. M.(1959). Some social requisites of democracy: Economic development and political legitimacy, American Political Science Review, 53(1), 69-105.

18 이대진, 우준희(2017), 「아시아의 정치체제와 경제성장: 비선형적 관계와 간접적 영향」, 『국가전략』, 23(1), 세종연구소, 107~132쪽; 최승환, 박요한(2021), 「경제성장이 민주주의에 미치는 영향, 1960-2014」, 『글로벌정치연구』, 14(2), 한국외국어대학교 글로벌정치연구소, 53~86쪽. cf. 이대진과 우준희는 립셋의 근대화 이론을 바탕으로 아시아 18개국의 사례를 분석하며, 정치체제와 경제성장 간에는 선형적 관계보다 오히려 비선형적 관계가 존재한다고 보았다. 한편 최승환과 박요한은 1960년부터 2014년까지 155개국을 분석한 결과, 경제성장이 민주주의에 유의미한 부정적 영향을 미친다고 주장하며, 경제적 성공이 오히려 권위주의적 통치 강화를 정당화하는 자원이 될 수 있음을 통계적으로 입증하였다.

19 O'Donnell, G. & Schmitter, P. C.(1986), Transitions from authoritarian rule: Tentative conclusions about uncertain democracies, Baltimore, MD: Johns Hopkins University Press.

20 임혁백(1990), 「한국에서의 민주화 과정 분석: 전략적 선택 이론을 중심으로」, 『한국정치학회보』, 24(1), 한국정치학회, 51~77쪽; 이 논문은 한국의 민주화 과정을 전략적 선택 이론의 관점에서 분석하면서, 권위주의 정권 내 온건파와 야권의 점진적 협상이 주요한 전환 계기였음을 강조한다. 이는 오도넬과 슈미터가 제시한 '이행 이론'의 핵심 요소인 엘리트 간 타협과 시민사회 압력의 상호작용과 부합하며, 1987년 체제 전환은 '전환형(transplacement)' 이행의 대표 사례로 해석될 수 있다.

21 지병근(2008), 「민주주의 이행: 민주화이론의 한국적 수용」, 『한국국제정치학회 학술대회 발표논문집』, 한국국제정치학회, 267~286쪽.

22 Linz, J. J., & Stepan, A.(1996). Toward consolidated democracies. Journal of Democracy, 7(2), 14-33.

23 Schedler, A.(1998), What is democratic consolidation?, Journal of Democracy, 9(2), 91-107.

24 스티븐 레비츠키, 대니얼 지블랫 지음, 김승진 옮김(2018), 『어떻게 민주주의는 무너지는가』, 어크로스.

25 앤서니 기든스, 필립 W. 서튼 지음, 김미숙 외 옮김(2018), 『현대사회학 8판』, 을유문화사; Merton, R. K.(1949), Social theory and social structure. Rev. eds. 1957, 1968, New York: Free Press.

26 이 주제와 관련해서는 2025년 4월 9일, 한국문학교육학회 제98회 전국학술대회에서 발표된 김성진의 「민주시민교육과 문학교육 - 적대의 승화를 중심으로」에 대한 지정 토론이 아이디어를 정리하는 데 큰 도움이 되었다.

27 장 자크 루소 지음, 김영욱 옮김(2022), 『사회계약론 2판』, 후마니타스.

28 Schmitt, C.(1932), Der begriff des politischen, Berlin: Duncker & Humblot. 카를 슈미트 지음, 김효전, 정태호 옮김(2012), 『정치적인 것의 개념: 서문과 세 개의 계론을 수록한 1932년 판』, 살림출판사.

29 샹탈 무페 지음, 이행 옮김(2006), 『민주주의의 역설』, 인간사랑; 샹탈 무페는 이 책에서 정치란 본질적으로 갈등을 포함하며, 이를 억압하거나 제거하는 것이 아니라 제도화된 형태의 '경합(agonism)'으로 전환해야 민주주의가 유지될 수 있다고 본다. 반면, 제도화되지 못한 갈등은 파괴적인 '적대(antagonism)'로 발전하며 민주주의를 위협한다. 이런 관점에서 볼 때, 촛불 혁명은 사회적 갈등을 폭력적 적대가 아닌 민주적 경합의 장으로 전환시킨 상징적 사건으로 해석될 수 있다.

30 최장집(2010), 『민주화 이후의 민주주의』, 후마니타스.

31 강원택 외(2025), 『적대정치 청산과 개헌을 말하다: 한국 민주주의 구출하기』, 나남출판사.

32 엄익란(2022), 「아랍의 사회문화적 맥락에서 재해석한 시민사회의 개념과 시민혁명으로서 '아랍의 봄' 재평가」, 『중동문제연구』, 21(1), 명지대학교 중동문제연구소, 81~116쪽; 송금영(2020), 「아랍의 봄 10년 평가와 중동의 분열」, 『계간 외교』, 135, 한국외교협회, 140~154쪽; 엄한진(2020), 「'

아랍의 봄' 이후 중동의 혁명과 반혁명」, 『지역사회학』, 21(2), 지역사회학회, 107~129쪽 등 참조함.

33 김세균(1992), 「자유민주주의의 역사, 본질, 한계」, 한국정치연구회 사상분과 편저, 321쪽(김석근 외 (1999), 『한국의 자유민주주의』, 인간사랑, 14쪽에서 재인용)

34 김태희(1998), 『자유민주주의론』, 세종출판사, 271~273쪽.

35 김태희(1998), 앞의 책; 김석근 외(1999), 앞의 책; 강정인(1993), 『자유민주주의의 이념적 초상』, 문학과 지성사; 김동훈(2010), 앞의 논문 등을 참조함.

36 진미경(1999), 「한국 민주주의의 미래와 참여민주주의」, 김석근 외(1999), 앞의 책, 198~203쪽.

37 김동훈(2010), 앞의 논문. 22~23쪽; 공화주의가 강조하는 비지배(nondomination) 는 단순히 외부의 간섭이 없는 상태를 의미하지 않는다. 필리프 페팃(Philip Pettit)에 따르면, 비지배란 "간섭받지 않는 것"을 넘어, "간섭 당할 가능성 자체가 제거된 상태"를 가리킨다. 다시 말해, 누군가가 간섭하지 않더라도 언제든지 간섭할 수 있는 권한을 가지고 있다면, 그것만으로도 자유는 침해된 것으로 본다. 이러한 관점은 개인이 타인의 자의적 권력에 종속되지 않고 독립적인 존재로 존중받아야 한다는 공화주의의 핵심적 자유관을 잘 보여준다. 따라서 공화주의에서 자유는 단지 국가나 타인의 '방임'에 의존하는 것이 아니라, 제도적이고 적극적인 보장을 통해 실질적으로 확보되어야 할 가치로 이해된다.

38 박명림(2023), 「오피니언: 대한민국의 길을 묻다 - 승자독식이 가른 '진영 공화국'…국가소멸 위기에 놓이다」, 『경향신문』, 2023.3.16. https://www.khan.co.kr/article/202303100600005

39 김동훈(2010), 앞의 논문; 곽준혁(2005), 「민주주의와 공화주의: 헌정체제의 두 가지 원칙」, 『한국정치학회보』 39(3), 한국정치학회, 33~57쪽; 정원규 (2016), 『공화민주주의』, 도서출판 씨아이알 등을 참조함.

40 한상수(2021), 「공화주의의 개념」, 『경희법학』 56(3), 경희대학교 법학연구소, 591~623쪽.

41 허영식·신두철(2007), 『민주시민교육핸드북』, 도서출판 오름, 17~18쪽.

42 교육부(2022), 『2022 개정 사회과 교육과정』, 교육부, 69쪽.

43 조너선 하이트 지음, 이충호 옮김(2024), 『불안 세대: 디지털 세계는 우리 아이들을 어떻게 병들게 하는가』, 웅진지식하우스.

44 Ulla Højmark Jensen, 「Den meningsfulde undervisning - Sociologiske refleksioner over praksis med dialogbaseret undervisning」, Kognition & Pædagogik, nr. 114, december 2019, 29. årgang, s. 46-53. Dansk Psykologisk Forlag. ISSN 0906-6225.

45 Harper, D.(2024), Online Etymology Dictionary. Retrieved from https://www.etymonline.com/word/discussion

46 Harper, D.(2024), Online Etymology Dictionary. Retrieved from https://www.etymonline.com/word/debate

47 Harper, D.(2024), Online Etymology Dictionary. Retrieved from https://www.etymonline.com/word/dialogue

48 Koch, Hal(1945), Ordet eller Sværdet: Article in Danish newspaper Berlingske, https://danmarkshistorien.lex.dk/Hal_Koch_%22Ordet_eller_Sv%C3%A6rdet%22_1945 - translation by author, Anders Schultz

49 Møller Jørgens, Claus(1814), Skole og undervisning efter 1814 - fra Lex Danmarks nationalleksikon https://danmarkshistorien.lex.dk/Skole_og_undervisning_efter_1814 - translation by author, Anders Schultz

50 Oplyseren: Grundtvigs tanker om højskole, dannelse og uddannelse https://teol.ku.dk/formidling/Gymnasieskolen/grundtvig_undervisningsrum/undersider/oplyseren/ Author's translation

51 Based on: A. Nordahl-Petersen: Danmarks Højskoler i tekst og billeder(1908/09), H. Hagerup, København, Author's translation

52 5 Lov om Folkeskolen, 18 maj 1937, from Danmarks Nationalleksikon, https://danmarkshistorien.lex.dk/Lov_om_Folkeskolen,_18._maj_1937 Translation by author

53 Lov om Folkeskolen, 26 juni. 1975, Danmarks Nationalleksikon https://danmarkshistorien.lex.dk/Lov_om_folkeskolen,_26._juni_1975 Author's translation

54 From: Danske love, https://danskelove.dk/dagtilbudsloven/8,translation by author

55 Lov om folkeskolen (Folkeskoleloven) - Danish Ministry of Children and Education, https://www.retsinformation.dk/eli/lta/2023/1395 , translation by author

56 1iGymnasieloven(Formålsparagraffen) https://emu.dk/stx/uddannelsens-formaal-og-historie/de-gymnasiale-uddannelsersformaal, translation by author